Barbara Tiefenbacher

Das Persönlichkeitsmodell der dunklen Triade

Können Paarbeziehungen
mit sozialen Raubtieren erfolgreich sein?

Bibliografische Information der Deutschen Nationalbibliothek:

Die Deutsche Nationalbibliothek verzeichnet diese Publikation in der Deutschen Nationalbibliografie; detaillierte bibliografische Daten sind im Internet über http://dnb.d-nb.de abrufbar.

Impressum:

Copyright © Science Factory 2019

Ein Imprint der Open Publishing GmbH, München

Druck und Bindung: Books on Demand GmbH, Norderstedt, Germany

Covergestaltung: Open Publishing GmbH

Vorwort

Die vorliegende Bachelor Arbeit „Die dunkle Macht der Triade – partnerschaftliche Beziehungen mit sozialen Raubtieren" entstand im Rahmen meines Psychotherapiewissenschaft-Studiums an der Sigmund Freud Universität in Wien.

Ganz herzlich möchte ich mich bei meiner Betreuerin Dr. Anna Jank bedanken. Sie war sofort bereit, sich auf das Thema einzulassen und stand mir unterstützend zur Seite.

Die Idee zu meiner Arbeit entstand durch mein Interesse an abnormen Phänomenen in der Psychologie. Auf den Begriff der dunklen Macht der Triade bin ich einst zufällig durch eine Recherche im Internet gestoßen. Ich war sofort fasziniert und behielt mir diese Entdeckung im Hinterkopf. Im Zuge meiner Bachelor Arbeit habe ich beschlossen, dieses Thema aufzugreifen und vertiefend zu behandeln.

Abschließend möchte ich mich bei meinen Eltern bedanken, die mir das Studium erst ermöglicht haben und auf deren Unterstützung und Halt ich immer zählen kann.

Wien, im August 2018

Barbara Tiefenbacher

Abstract

Dem Persönlichkeitsmodell der Triade, welche den Narzissmus, Machiavellismus und die Psychopathie beinhaltet, wird seit den letzten Jahren immer mehr Aufmerksamkeit geschenkt, vor allem wenn es sich um das Berufs- und Wirtschaftsleben handelt. Die sozialen Raubtiere streben nach Erfolg, Macht sowie Leistung und zeichnen sich durch einen ausbeuterischen Charakter aus. Bei dieser Bachelorarbeit wird der Fokus auf die zwischenmenschlichen Beziehungen gelegt und dabei folgende Forschungsfrage gestellt: Wie gestalten sich partnerschaftliche Beziehungen mit sozialen Raubtieren und können diese erfolgreich sein oder nicht? Um dies zu beantworten, wurde eine Literaturrecherche vorgenommen, die etliche aktuelle Studien beinhaltet. Es hat sich herausgestellt, dass Menschen der dunklen Triade in kurzfristigen Beziehungen durchaus erfolgreich sein können, während das bei langfristigen Verbindungen nicht der Fall ist. Des Weiteren ließ sich eine positive Korrelation mit abhängigen Persönlichkeiten feststellen. Auf dieser Grundlage ist es empfehlenswert, weitere Forschung durchzuführen, um das Konzept der dunklen Triade im Bewusstsein der Gesellschaft zu verankern.

The personality concept of the dark triad consisting of Narcissism, Machiavellianism and Psychopathy gained a lot of attention during the last couple of years, especially when it comes to working and economic life. The social predators seek success, power, as well as performance and have an exploitative character. The bachelor paper is focusing on interpersonal relationships. The research question is: Can amorous relationships of social predators be successful? To answer that, a literature research was conducted including a couple of current studies on the subject. It turned out that short-term relationships could be successful whereas long-term relationships are often doomed to fail. Furthermore a positive correlation between people of the dark triad and people with a dependent personality structure has been established. Based on these results it would be recommended to conduct further research to increase awareness on this topic.

Inhaltsverzeichnis

Vorwort III

Abstract IV

Abbildungsverzeichnis VIII

1 Einleitung 1

    1.1 Problemstellung 1

    1.2 Methode 2

2 Definition der dunklen Macht der Triade 3

    2.1 Beispiel James Bond 3

    2.2 Einführung in die drei Ausprägungen der dunklen Triade 3

    2.3 Geschlechterunterschiede 8

3 Einzelne Störungsbilder 10

    3.1 Narzissmus 10

    3.2 Machiavellismus 15

    3.3 Psychopathie 20

4 Partnerschaftliche Beziehungen mit sozialen Raubtieren 27

    4.1 Liebe und die dunkle Triade 27

    4.2 Short-term relationship 28

    4.3 Long-term relationship 30

    4.4 Die dunkle Triade in Korrelation mit abhängigen Persönlichkeiten 38

5 Fazit und Ausblick 47

6 Literaturverzeichnis 49

Abbildungsverzeichnis

Abbildung 1: Der Kern der dunklen Triade 5
Abbildung 2: Korrelation zwischen den Big Five und der dunklen Triade 6
Abbildung 3: Die Sage des Narziss 11
Abbildung 4: Karriereleiter 17

1 Einleitung

1.1 Problemstellung

„Auch sind die Menschen so einfältig, gehorchen so sehr den Nöthigungen des Augenblick, daß der Betrügende immer Einen, der sich betrügen läßt, finden wird"

Niccolò Machiavelli (Holzinger 2013, S. 45)

Menschen die der dunklen Triade angehören, wollen täuschen. Dabei handelt es sich nicht um eine Sekte, sondern um die drei Persönlichkeitsmerkmale Narzissmus, Machiavellismus und Psychopathie. Diese Ausprägungen haben dunkle Facetten und zusammen einen antisozialen Kern. Im Vordergrund steht immer der persönliche Nutzen, welchen sie, koste es, was es wolle, unentwegt anstreben. Das Persönlichkeitskonzept ist sehr jung, es wurde 2002 von zwei englischsprachigen Psychologen, Paulhus und Williams, begründet. Dadurch gibt es zu diesem Phänomen noch keine breitgefächerte Literatur, wie man sie beispielsweise bei dem Thema Depression vorfindet. Die Bücher, Artikel und Forendiskussionen, welche zu finden sind, beleuchten jedoch leider oftmals nur einen Aspekt: Führungskräfte. Studien wurden hierfür durchgeführt und bestätigen, dass in Chefetagen häufig Leute sitzen, die zur dunklen Triade gehören. Das erste richtig fundierte deutschsprachige Werk zu dem Thema heißt: Narzissmus, Machiavellismus und Psychopathie in Organisationen. Dadurch, dass es einerseits erst 2018 veröffentlicht worden ist und andererseits wieder genau diesen karrierelastigen Aspekt im Vordergrund hat, werden meine Beobachtungen bestätigt. Der Großteil der Literatur handelt bis dato davon, dass Menschen der dunklen Triade Macht und Manipulation einsetzen, beziehungsweise sich rücksichtslos, egozentrisch und betrügerisch verhalten, um schnell an ihr Ziel zu kommen. In den meisten Fällen streben sie den schnellen Karriereanstieg an – was ihnen auch gelingt. Der Grund, warum man sich in Acht vor diesen sozialen Raubtieren nehmen sollte, ist die Gefahr, dass sie auf Außenstehende sehr charmant, erfrischend und charismatisch wirken können. Man wird von ihrer glänzenden Oberfläche geblendet. Dabei werden beim Gegenüber die Warnmechanismen ausgeschaltet und leider wird dies oft erst bemerkt, wenn es schon zu spät ist. Dies ist der Schlüsselsatz für das Interesse an dem Thema. Ich möchte mich in dieser Arbeit von dem wirtschaftlichen Bereich abgrenzen und den Fokus auf die zwischenmenschlichen Beziehungen zwischen Menschen mit einem relativ hohen gesunden Anteil und Menschen der dunklen Triade legen. Spezifisch möchte ich die liebes- bzw. partnerschaftlichen Beziehungen beleuchten, da für mich ein großes Interesse besteht, ob solche Verbindungen erfolgreich sein können, oder nicht. Meine Annahme ist, dass den sozialen Raubtieren eine Partnerschaft aufgrund ihres Manipulationstalentes sogar gelingt, um ihren persönlichen Vorteil aus der Beziehung herausholen zu können. Der Nutzen meiner Arbeit ist Bewusstheit gegenüber der dunklen Triade zu entwickeln um sich selbst schützen zu können. Während die Achtsamkeit einerseits im Berufsleben essentiell ist, ist es meines Erachtens auch wichtig, im Privatleben das Bewusstsein zu steigern. Ich habe oft in Austauschforen im Internet gelesen: „Hätte ich über dieses Phänomen früher Bescheid gewusst, dann hätte ich mir einiges erspart". Das bestätigt mir, dass es noch einiges an Aufklärung bedarf und dies ist das Ziel meiner Arbeit.

1.2 Methode

Ich habe mich entschieden, eine Literaturarbeit zu verfassen. Anlaufstelle war hierfür die Hauptbücherei am Gürtel, sowie die Fachbereichsbibliothek für Psychologie der Universität Wien für fachspezifischere Werke. Für die Suche nach Studien oder auch englischsprachigen Artikeln war das Internet eine hilfreiche Quelle. Ich habe umfassend recherchiert und mich darauf festgelegt die Arbeit, neben dem Abschnitt der Definition, in zwei große Kapitel zu unterteilen, um den Leser bestmöglich über dieses Thema aufzuklären. Das erste Kapitel beschäftigt sich mit den Persönlichkeitsausprägungen Narzissmus, Machiavellismus und Psychopathie. Die Erklärungen sollen helfen, ein ganzheitliches Verständnis über die dunkle Macht der Triade zu bekommen und das Wissen, wie man solche Menschen identifiziert. Das zweite Kapitel behandelt die Thematik: „partnerschaftliche Beziehungen mit sozialen Raubtieren" und bildet somit den Kern. Im Anschluss werden die Ergebnisse diskutiert.

2 Definition der dunklen Macht der Triade

2.1 Beispiel James Bond

„Mein Name ist Bond. James Bond." Unter diesem Namen lebt der wohl berühmteste Geheimagent der Welt. Skrupellos, manipulativ und eigensinnig sind drei Eigenschaften, mit denen sich James Bond am Besten beschreiben lässt. Er hat nicht nur seine Feinde, sondern auch unzählige Frauenherzen auf dem Gewissen. Sein Ziel gilt es zu erreichen, koste es, was es wolle. Anständigkeit ist ihm fremd. Er übergeht Wünsche und Bedürfnisse seiner Mitmenschen, da er nur an sich und seinem eigenen Vorteil interessiert ist. Trotz alldem verfügt er über gute Umgangsformen und weiß sich zu benehmen. James Bond ist charmant und höflich. Er pöbelt nicht und wird auch nicht ausfällig (Jiménez 2015).

Der australische Sozialpsychologe Peter Jonason beschreibt in einer Studie, dass James Bond das Paradebeispiel für die dunkle Macht der Triade darstellt. Folglich wurde dieses Thema als eine „James Bond Psychology" bezeichnet (Jonasan et al. 2010, S. 2). Eine geheimnisvolle, verlockende, aber doch recht gefährliche Kombination aus den drei Persönlichkeitsmerkmalen Narzissmus, Machiavellismus und Psychopathie. Jonason schreibt dem Geheimagenten bei allen drei Ausprägungen hohe Werte zu. Den Narzissmus findet man in seiner Faszination für teure Autos, Anzüge und Uhren. Sein Aussehen ist ihm sehr wichtig, die Krawatte muss auch nach dem Ausschalten eines Feindes immer richtig sitzen. Den machiavellistischen Anteil findet man in seinem starken Fokus, gerichtet auf ein Ziel und den Willen, dieses mit aller Kraft und Anstrengung zu erreichen. Der psychopathische Zug lässt sich mit der „licence to kill" beschreiben, die emotionsloseste Art, Menschen zu schaden oder sogar zu töten, die sich ihm in den Weg stellen und von seinem Ziel abhalten. James Bond symbolisiert sowohl das Charisma und die unglaubliche Kraft und Zielstrebigkeit, als auch potenzielle Gefahr. Der Geheimagent stellt eine Reinform der dunklen Macht der Triade dar, welche in der Realität äußerst selten vorkommt (Jiménez 2015).

2.2 Einführung in die drei Ausprägungen der dunklen Triade

Die kanadischen Psychologen Delroy Paulhus und Kevin Williams entwickelten 2002 das Konzept der dunklen Triade. In ihrer Studie geht es um Eigenschaften im subklinischen Bereich. Das bedeutet, dass es sich um Persönlichkeitsmerkmale handelt, mit denen wir im alltäglichen Leben verkehren und die nicht klinisch relevant sind. Die Ergebnisse beweisen, dass Narzissmus, Machiavellismus und

Psychopathie hoch miteinander korrelieren (Paulhus und Williams 2002, S. 2). Obwohl alle drei Ausprägungen verschiedene Merkmale haben, die zum Teil auch gegenläufige Komponenten aufweisen, gibt es eine fundamentale Gemeinsamkeit, nämlich den antisozialen Kern. Dabei handelt es sich um konsequentes Eigeninteresse (Externbrink und Keil 2017, S. 3).

Dieser Dreiklang taucht oft in Organisationen, vor allem in Führungspositionen, auf. Ihre Furcht- und Skrupellosigkeit, fehlende Empathie und Ausnutzung zwischenmenschlicher Beziehungen lässt die Menschen die Karriereleiter relativ schnell erklimmen. Durch ihr manipulatives Verhalten und ihren fehlenden Anstand bekommen sie rasch was sie wollen – auch weil alle anderen zu gehörig agieren und sie niemand aufhält. Menschen, die Anteile der dunklen Triade aufweisen, sind extrovertiert, offen und extrem selbstbewusst, wohingegen Pflichtbewusstheit nicht zu ihren Stärken zählt. Sie sind sehr individuell, risikobereit und konkurrenzfähig. Genau diese Eigenschaften sind in hohen Positionen Voraussetzung (Jiménez 2015).

Beim Narzissmus handelt es sich um grandiose Selbstüberschätzung und Überheblichkeit. Narzissten verzerren sich nach Bewunderung und reagieren empfindlich auf Kritik, da sie sonst mit ihrer Selbstwertproblematik in Berührung kommen. Menschen, die einen hohen machiavellistischen Anteil haben, sind manipulativ, durchsetzungsstark und haben kein Mitgefühl für ihr Umfeld. Machiavellisten stellen ihre eigenen Regeln auf und handeln, wenn nötig, auch moralisch verwerflich. Die Psychopathie ist die dunkelste Facette der Triade. Auch sie handeln rücksichtlos, haben dabei aber keine Angst vor Konsequenzen. Sie sind impulsiv, kaltblütig und haben großes Potenzial zur Kriminalität (emvio GmbH 2017).

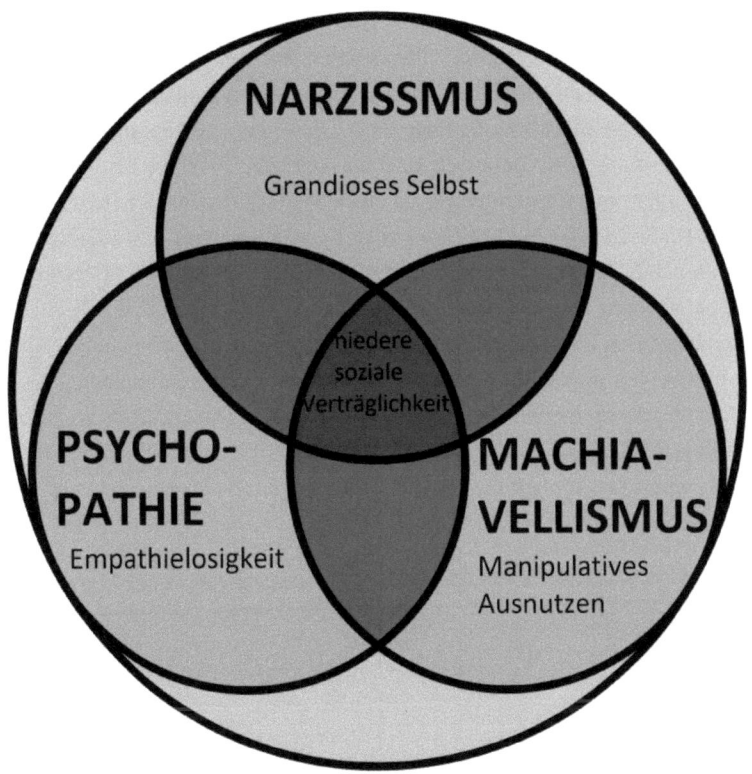

Abbildung 1: Der Kern der dunklen Triade

Zieht man in diesem Kontext das Modell der Big Five heran, ist es interessant zu hinterfragen, ob und wie die dunkle Triade mit den anderen Persönlichkeitsmerkmalen korreliert. Das fünf-Faktoren-Modell, oder auch Big Five genannt, ist ein Design der Persönlichkeitspsychologie. Die Entwicklung dieses Konzepts begann bereits in den 1930er Jahren. Louis Leon Thurstone, Gordon W. Allport und Henry Sebastian Odbert begründeten einen lexikalischen Ansatz (HeLv 2012). Das bedeutet, dass sich Persönlichkeitsmerkmale in der Sprache niederschlagen. Anhand von Listen mit über 18.000 Begriffen wurden durch Faktorenanalysen fünf unabhängige und stabile Elemente gefunden: Extraversion, Offenheit für Erfahrungen, Gewissenhaftigkeit, Neurotizismus (emotionale Labilität bzw. Verletzlichkeit) und Verträglichkeit. Die niedrige Verträglichkeit haben alle drei – Narzissmus, Machiavellismus und Psychopathie – gemein, da ihnen Hilfsbereitschaft, Streben nach Harmonie, mitfühlendes und verständnisvolles Verhalten, sowie Nachgiebigkeit

Fremdwörter sind. Narzissten zum Beispiel verfügen über eine starke Selbstaufmerksamkeit beziehungsweise Selbstzentriertheit, außer wenn sie sich von anderen Menschen für ihre Grandiosität bestätigen lassen wollen. Das Ziel ihres stark personalisierten Machtmotivs liegt darin, die eigene vermeintliche Stärke und Größe wahrzunehmen. Demnach sind narzisstische Persönlichkeiten sehr extravertiert, offen und werden häufig als charismatisch bezeichnet (Externbrink und Keil 2018, S. 16-18). Psychopathen zeigen ein impulsives und unberechenbares Verhalten auf. Sie sind kalt und zeichnen sich durch ein starres, taktisches Verhalten aus, welches ihre Wünsche so schnell wie möglich erfüllen soll. Aus diesem Grund zeigt sich hier eine negative Korrelation mit den Merkmalen Gewissenhaftigkeit und Neurotizismus. Machiavellismus steht in Zusammenhang mit unmoralischen Absichten mit dem Ziel, Geld, Macht und Status zu erlangen. Sie nutzen zwischenmenschliche Manipulation zur Erreichung ihrer Langzeitziele, die im Vordergrund stehen. Sie können ihre Gefühle sehr gut kontrollieren und verfügen demnach über eine gute Selbstdisziplin (Furtner und Baldegger 2016, S. 19).

MERKMAL	BESCHREIBUNG	Narzissmus	Psychopathie	Machiavellismus
Extraversion	Neigung zu Aktivität, Geselligkeit, Kommunikation	+	+	°
Verträglichkeit	Neigung zu Harmonie, Selbstlosigkeit, Kooperation	-	-	-
Offenheit	Suche nach Abwechslung, Offenheit für neue Erfahrungen	+	+	°
Neurotizismus	Neigung zu Ängstlichkeit, Traurigkeit, Unsicherheit	°	-	°
Gewissenhaftigkeit	Neigung zu Ehrgeiz, Pflichtgefühl, Ordnung	°	-	-

(+) eher erhöhter Wert   (-) eher niedriger Wert   (°) unauffälliger Wert

Abbildung 2: Korrelation zwischen den Big Five und der dunklen Triade

Betrachtet man die dunkle Triade mithilfe des HEXACO-Modells („Big Six"), lässt sich erkennen, dass Personen mit relativ hohen Werten der dunklen Triade niedrige Ergebnisse auf der Ehrlichkeit-Bescheidenheit-Dimension erzielen (Lee und Ashton 2005). Damit zeigen sie auch Tendenzen zu Betrug und Irreführung bei hochsensiblen Angelegenheiten, denn zu einem erfolgreichen Lügner gehört mehr als nur die Intention, Unwahrheiten zu erzählen (Externbrink und Keil 2018, S. 16-18).

Ein weiteres Beispiel, neben James Bond, ist der amerikanische Bankmanager Richard Fuld, letzter Vorsitzender der Investmentbank Lehman Brothers und längster amtierender Direktor der Wall Street. Als er als Praktikant bei der Firma begann, machte er sich schnell einen Namen. Rasch stieg er Position für Position bis zum CEO auf und bekam den Spitznamen „Gorilla" wegen seiner fortlaufenden Wutausbrüchen. Fuld verhalf dem Unternehmen zu Gewinnen in Millionenhöhe. Im Jahre 1997 lag der Unternehmensgewinn bei 48 Millionen Dollar, wovon er 46 Millionen zur Belohnung des oberen Managements und lediglich zwei Millionen für die Mitarbeiter in niedrigeren Positionen nutzte. Diese enorme Gewinnsteigerung war mit unkalkulierbaren Risiken verbunden. Bei einer internen Rede 2007 feuerte er gegen „short-sellers" (Leerverkäufer), die seiner Firma schadeten: „If we get this right today, I hope we'll squeeze some of those shorts, and squeeze 'em hard. Not that I wanna hurt 'em, don't get that please, cause that's just not who I am. I am soft, I am loveable. But what I really wanna do, is, I wanna reach in, rip out their heart and eat it before they die" (Externbrink und Keil 2018, S. 2).

Je höher die Position, desto unkritischer wird man. Doch genau hier liegt der Fehler. In den unteren Etagen eines Unternehmens herrschen bei der Personalauswahl noch andere Kriterien, während in hohen Etagen, die eigentlich viel mehr Verantwortung mit sich bringen, „laissez-faire" agiert wird. Leute der dunklen Triade schaffen es rasch bis nach ganz oben und werden dann nicht mehr hinterfragt. Dadurch wird das Selbstbild ins übermäßig Positive verzerrt, da realistisches bzw. ehrliches Feedback immer seltener wird, je höher man sich in der Hierarchie hinaufgearbeitet hat (Jiménez 2015).

Wer sich innerhalb des subklinischen Bereichs der dunklen Triade befindet, ist in der Lage, ein weitaus unauffälliges und angepasstes Leben zu führen. Genau das ist das Gefährliche. Zum einen macht die Angepasstheit es so schwierig, die Triade zu identifizieren. Durch das manipulative Verhalten und den angenehmen Charme, den diese Menschen versprühen, tritt der wahre Charakter erst über einen gewissen Zeitraum auf. Meist dann, wenn es schon zu spät und man bereits auf sie „hereingefallen" ist. Narzissten werten ihr Gegenüber anfänglich auf und vermitteln so ein wohlwollendes Gefühl. Psychopathen hingegen wirken anfangs erfrischend, anziehend, problemfrei und unkompliziert. Dies sind alles Eigenschaften, die dazu beitragen, die Warnmechanismen des Gegenübers auszuschalten und ihrer eigentlichen Intention – Menschen skrupellos für ihren Vorteil auszunutzen – nachzugehen. Zum anderen handelt es sich um Persönlichkeitsmerkmale, die jeder Mensch in unterschiedlicher Ausprägung in sich trägt. Es gibt daher keinen absoluten Nullpunkt. Narzisstische Tendenzen sowie ein positives Selbstbild oder ein „psychopathisches" Risikobewusstsein können in manchen Situationen durchaus von Vorteil sein (May 2015).

2.3 Geschlechterunterschiede

Nachdem es sich bei den vorigen Beispielen um Männer gehandelt hat, ist es interessant zu hinterfragen, ob bei Frauen diese Charakterzüge auch zu finden sind. Ist eines der Geschlechter in Bezug auf die dunkle Triade häufiger betroffen oder doch ex aequo? In den letzten Jahren hat sich das Interesse an dunklen Persönlichkeiten enorm gesteigert. Obwohl unzählige Berichte über die dunkle Triade verfasst worden sind, gibt es nur wenige fundierte wissenschaftliche Studien zu diesem Thema.

Grundsätzlich lässt sich sagen, dass Ergebnisse auf subklinischer Ebene fehlen. Jedoch kann man sich auf die klinische Praxis stützen, um sich einen ersten Überblick zu verschaffen. Wichtig ist, Befunde zu Eigenschaften und assoziierten Verhaltensweisen der Geschlechter näher zu betrachten. In Hinblick auf diese Betrachtungsweise ist man früher oder später mit der Frage nach „typisch männlichen" und „typisch weiblichen" Charaktereigenschaften konfrontiert (Externbrink und Kai 2018, S. 20). In den vergangenen Jahren konnte weitgehend unabhängig vom verwendeten Testinstrument festgestellt werden, dass Männer bedeutend höhere narzisstische, machiavellistische und psychopathische Ausprägungen als Frauen aufweisen (O'Boyle et al. 2012; Jonason et al. 2009; Jonason und Tost 2010). Die Studie „A gender role view of the dark triad traits" (Jonason und Davis 2018) bestätigt genau diese These.

In Hinsicht auf den biosozialen Ansatz und die soziale Rollenverteilung sind Frauen immer noch mit Vorurteilen konfrontiert. Im Berufskontext sind das Aspekte wie Streitsucht, mangelnde Krisenresistenz, Schwäche in Verhandlungen und Schwierigkeiten, Ratio von Emotio trennen zu können. Verhalten sie sich jedoch „typisch männlich" sprich durchsetzungsstark, selbstbewusst und dominant, haben sie mit dem sogenannten Backlash-Effekt zu kämpfen. Dieses Phänomen besagt, dass Frauen, die sich verstärkt maskulin verhalten, mit sozialer Ablehnung konfrontiert sind. Beispielsweise werden Frauen, die bei Bewerbungsgesprächen ihre Fähigkeiten hervorheben, seltener eingestellt, da dies nicht der rollenkonformen Erwartungshaltung entspricht und sie künstlich und nicht authentisch wirken (Externbrink und Keil 2018, S. 22-23).

Natürlich geht es hierbei um tendenzielle Ergebnisse. Es gibt durchaus sogenannte Alpha-Frauen, die in Führungspositionen vertreten sind. In solchen Fällen weisen sie gleich hohe Ausprägungen in allen Dimensionen der dunklen Triade wie ihre männlichen Kollegen auf. Stellt man die Ergebnisse der Studie „Think-Manager-Consider Female" (Mai et al. 2016) über weibliche Führungskräfte denen von durchschnittlichen Frauen aus der Allgemeinbevölkerung gegenüber, wird klar, dass Top-Managerinnen untypisch weiblich agieren. Frauen in Führungspositionen sind demnach extrovertierter, emotional stabiler, weniger verträglich, gewissenhafter, kreativer, sowie deutlich narzisstischer. Diese Frauen sind jedoch nach wie vor in der Minderheit (Büttgen und Mai 2016). In Österreich lag der Frauenanteil in Geschäftsführungen 2017 bei 7,2% (Statista GmbH o.J.) Gerade bei diesem Teilaspekt war es herausfordernd, Informationen einzuholen, da es beinahe noch keine fundamentierte Literatur dazu gibt. Ich habe mir mit englischen Studien zu diesem Thema Klarheit verschafft. Generell lässt sich sagen, dass die Arbeit mit der dunklen Triade eine heikle Sache ist. Laut den Wirtschaftspsychologen Kai Externbrink und Moritz Keil ist es aus folgenden vier Gründen anspruchsvoll: Erstens, das Thema ist spektakulär. Zweitens, es wird viel dazu publiziert, was gleichzeitig die Herausforderung mitbringt, zwischen evidenz-basierten und nicht-evidenz-basierten Ergebnissen zu unterscheiden. Drittens, man darf nicht zu Vereinfachungen tendieren. Es gibt gegenläufige Befunde und konzeptionelle Ungereimtheiten, die es zu erforschen gilt und nicht zu vereinfachen. Viertens, die dunkle Macht der Triade ist praxisrelevant (Externbrink und Keil 2018, S. VII). Den sozialen Raubtieren kann man im täglichen Leben begegnen und es kann durchaus sein, dass man sich mit einem im näheren Umfeld auseinandersetzen muss (beispielsweise mit einem Vorgesetzten oder Partner eines Familienmitgliedes). Aus dem Grund muss man Befunde genau überprüfen, bevor diese generalisiert werden. Es ist ein zutiefst komplexes Konstrukt, welches noch ein breites Feld zum Forschen anbietet.

3 Einzelne Störungsbilder

"A Narcissist, a Psychopath and a Machiavellian walk into a Bar. The bartender asks, who has the darkest personality out of you three? The Narcissist says 'me', the Psychopath says: 'I don't care', and the Mach says 'It's whoever I want it to be.'"

Raj Chopra (2013)

Neben diesen drei Ausprägungen der dunklen Macht der Triade gibt es in der Psychologie eine weitere Differenzierung, und zwar den Begriff der dunklen Tetrade, welche auch den Sadismus beinhaltet. Zusammen korrelieren die vier Bestandteile hoch miteinander, was zur Bildung einer destruktiven und ausbeuterischen Persönlichkeitsstrategie führen kann (emvio GmbH 2017).

Im folgenden Kapitel werde ich nun auf die einzelnen Ausprägungen eingehen und krankheitswertige Aspekte beleuchten. Dies soll zum ganzheitlichen Verständnis beitragen und die Abgrenzung zum subklinischen Bereich erleichtern.

3.1 Narzissmus

3.1.1 Griechische Mythologie – Sage des Narziss

Der Begriff Narzissmus geht auf die altgriechische Mythologie, die Sage von Narziss zurück. Narziss ist der Sohn des Flussgottes Kephissos und der Wassernymphe Leiriope. Nach der Geburt ihres schönen Sohnes suchte seine Mutter den Wahrsager Teiresias auf, um herauszufinden, ob Narziss ein langes, glückliches Leben vergönnt sei. Er antwortete darauf: „Solange, bis er sich selbst kennenlernt." Leiriope konnte mit dieser Aussage wenig anfangen und schenkte ihr keine weitere Beachtung. Aufgrund seiner Schönheit und unglaublichen Anziehungskraft wurde Narziss häufig von Mädchen als auch von Jünglingen umworben, welche er aber aufgrund seiner Überheblichkeit immer grob abwies. Eines Tages kam er an eine Quelle und wollte seinen Durst löschen. Als er sich darüber beugte und in der Reflexion sein eigenes Spiegelbild erblickte, war er davon so angezogen, dass er nicht merkte, dass es sich um ihn selbst handelte. Beim Versuch, sich der Spiegelung im Wasser zu nähern, in die sich Narziss sofort verliebte, stürzte er hinein und ertrank (Lengersdorf 2017).

Abbildung 3: Die Sage des Narziss

Der Narzisst trennt unbewusst sein Selbst vom Ich. Das bedeutet, dass er sich ein Idealbild von sich aufbaut, für das er lebt. Genauer gesagt ist der Körper nur ein Objekt, der ihm helfen soll ein perfektes Image zu gestalten. Das Idealbild wird nicht mit den wahren, inneren Impulsen gekoppelt und dient lediglich dafür, das Ego zu pflegen und zu vergrößern (Grüttefien 2016). Diese Metapher veranschaulicht den Begriff Narzissmus.

3.1.2 Die Liebe zu sich selbst

„Andere Menschen existieren, um mich zu bewundern." So lassen sich Narzissten in einem Satz beschreiben. Sie hinterlassen einen überaus positiven ersten Eindruck, da sie mit Charisma, Attraktivität, Charme, Humor und Wortgewandtheit beeindrucken können. Sie lechzen danach, wahrgenommen, bewundert und respektiert zu werden. Sie sind jedoch häufig eitel, exhibitionistisch und arrogant. Der Narzissmus bedeutet weitaus mehr als die schlichte Selbstliebe, denn vielmehr geht es um die innere Bezogenheit auf das Selbst (Lengersdorf 2017). Sie gieren nach Anerkennung und Aufmerksamkeit und suchen in erster Linie Fans. Man könnte sie auch als selbstbezogene Menschen mit Geltungsdrang beschreiben. Narzissten weisen folgende Charakteristika auf: übersteigertes Selbstbewusstsein, Streben nach Aufmerksamkeit und Dominanz, mangelnden Willen, Gefühle anderer in ihre Entscheidungen miteinzubeziehen, als auch eine gewisse Rastlosigkeit (Mai 2014). Die eigene Person wird maßlos überbewertet, während alle anderen Personen entwertet werden. Schaut man jedoch hinter die Fassade, bemerkt man, dass die oberflächliche Selbstliebe tiefsitzende Unsicherheit überspielt. Das augenscheinlich zu großes Ego entpuppt sich als mangelndes Selbstwertgefühl. Narzissten fühlen sich sehr schnell zurückgewiesen und gekränkt (Paradisi-Redaktion 2011). Aus dieser Angst heraus umgehen sie Situationen, die das Bild der eigenen Person ins Wanken bringen könnte. Indem man sich mit einem grandiosen Selbstbild identifiziert, kann man den Schmerz der inneren Wirklichkeit ignorieren (Lengersdorf 2017). Durch die überspielte Unsicherheit können rasch gesellschaftliche Vorurteile entstehen. Der erste Eindruck kann ins Negative umschlagen, da Narzissten unentwegt von sich sprechen und ihre Vorzüge betonen. Damit werden sie rasch als eingebildet empfunden. Empathiegefühl, Mitleid, Hilfsbereitschaft und Kritikfähigkeit sind für Narzissten Fremdwörter (Paradisi-Redaktion 2011).

3.1.3 Positiver / negativer Narzissmus

Weniger bewusst ist die Tatsache, dass es auch positive Seiten des Narzissmus gibt. Die „Selbstliebe" ist eine wichtige Basis unserer Persönlichkeit. In gesundem Maß sind die Eigenschaften des Narzissmus ganz und gar nicht schädlich. Es ist eine positive Einstellung zu sich selbst gemeint, die ein stabiles Selbstwertgefühl beinhaltet. Ein sich selbst liebender Mensch ist stets darum bemüht, seine Bedürfnisse und Wünsche mit der Umwelt in Einklang zu bringen. Selbstbewusstsein, Selbstvertrauen und Selbstachtung sind wesentliche Grundsätze für ein erfülltes Leben. Solche Menschen bewahren ihr Selbstwertgefühl auch dann, wenn sie Rückschläge, Niederlagen und vor allem Kritik erfahren. Positiv narzisstische Menschen haben eine harmonische beziehungsweise wärmende Ausstrahlung. Sie können nehmen, aber gleichzeitig auch geben. Sie sind tolerant, verständnisvoll anderen gegenüber und keineswegs überheblich. Gesunder Narzissmus ist Motor einer jeden Entwicklung, Kreativität und Fortschrittes (Grüttefien o.J.).

Bei negativem Narzissmus handelt es sich, wie bereits im vorigen Kapitel erläutert, um mangelnden Selbstwert. Er beruht auf einer Säugling-Elternteil-Beziehung, bei der das Kind zu wenig Einfühlungsvermögen und/oder Bestätigung erfahren hat. Ein ausgeprägter Narzissmus bedeutet, dass Betroffene ausschließlich sich selbst zugewandt sind und ein eher passives Liebesbedürfnis haben. Wenn ein Narzisst liebt, dann nur mit der Intention, geliebt zu werden. Eine solche Beziehung ist charakterisiert durch das Geben des Partners und Nehmen des Narzissten. Sie sind auf ständige Bestätigung angewiesen. Bleibt diese aus, kommt es zu erheblichen Problemen, wie zum Beispiel Entwertung im zwischenmenschlichen Bereich (Praxis Zadrazil o.J.). In seiner negativen Form ist der Narzissmus Auslöser von Neid, Hass, Eifersucht, Streit und Kränkungen. In seiner bösartigen Form ist er Ursache von

Gewalt, Verbrechen und Krieg (Grüttefien o.J.). Der renommierte Psychologe Dr. John Gartner ist davon überzeugt, dass Donald Trump an malignem Narzissmus leide, da er emotional unfähig sei, die Vereinigten Staaten von Amerika zu regieren. Eigentlich ist eine solche Ferndiagnose strengstens untersagt, da sie gegen die „Goldwater-Rule" verstößt. Diese besagt, dass Psychiater und Psychologen nur dann eine Diagnose stellen dürfen, wenn sie die Person auch selbst untersucht haben. Gartner argumentiert jedoch, dass der Präsident sein Verhalten tagtäglich in den Medien präsentiere und er somit die Kriterien des bösartigen Narzissmus erfülle (FOCUS Online 2017). Der Psychiater Allen Frances bezeichnet Trump als böse, inkompetent und sieht ihn als Gefahr für die Demokratie (Marano 2017). Auffällig sind seine Aggressivität, sein Hang zum Lügen, Verfolgungswahn und seine anti-sozialen Verhaltensweisen. Personen, die an malignem Narzissmus leiden, manipulieren, dramatisieren und verleumden. Sie fühlen sich im Recht, sind egozentrisch und kennen keine Schuldgefühle oder Reue (FOCUS Online 2017). Gartner meint jedoch, dass sich der bösartige Narzissmus von der narzisstischen Persönlichkeitsstörung unterscheide, da es sich beim bösartigen Narzissmus um eine Art Kombination aus Pathologie, hohem Aggressionspotenzial und einem Hang zur Paranoia handelt (Milligan 2017).

Auf der Website www.change.org hat Dr. John Gartner die Petition „Mental Health Professionals Declare Trump Is Mentally Ill And Must Be Removed" ins Leben gerufen. Seitdem Anfang 2017 die Petition online ist, haben circa 70.000 von den gewünschten 75.000 Leuten unterschrieben.

3.1.4 Narzisstische Persönlichkeitsstörung

Es kann immer dann von einer narzisstischen Persönlichkeitsstörung (NPS) gesprochen werden, wenn das Bedürfnis nach Anerkennung und Bewunderung in übertriebener und krankhafter Weise ausgelebt wird (Grüttefien 2017). Die Betroffenen leben dabei in einer Art Fantasiewelt, in der sie sich als überaus grandios sowie wichtig erleben und glauben, etwas Besonderes zu sein. Sie sind nicht in der Lage, wahre Freude zu empfinden (Paradisi-Redaktion 2011). Im Gegensatz zum ICD-10 (Internationales Klassifikationssystem der Krankheiten), wo NPS lediglich unter den „sonstigen spezifischen Persönlichkeitsstörungen" angeführt wird, nimmt es der DSM-5 (Diagnostischer und statistischer Leitfaden psychischer Störungen) genauer. Es müssen mindestens fünf der neun Kriterien erfüllt sein:

- Die Betroffenen haben ein grandioses Verständnis der eigenen Wichtigkeit. Sie übertreiben zum Beispiel ihre Leistungen und Talente oder erwarten ohne entsprechende Leistungen, von anderen als überlegen anerkannt zu werden.
- Sie sind stark von Phantasien über grenzenlosen Erfolg, Macht, Brillanz, Schönheit oder idealer Liebe eingenommen.
- Sie glauben von sich „besonders" und einzigartig zu sein. Deshalb sind sie überzeugt, nur von anderen „besonderen" oder hochgestellten Menschen verstanden zu werden oder nur mit diesen Kontakt pflegen zu müssen.
- Sie benötigen exzessive Bewunderung.
- Sie legen ein hohes Anspruchsdenken an den Tag. Das bedeutet, dass sie die übertriebene Erwartung haben, dass automatisch auf die Erwartungen eingegangen wird oder dass sie besonders günstig behandelt werden.
- Sie verhalten sich in zwischenmenschlichen Beziehungen ausbeuterisch, das heißt, sie nutzen andere aus, um ihre eigenen Ziele zu erreichen.
- Sie zeigen einen Mangel an Einfühlungsvermögen, das heißt, sie sind nicht bereit, die Gefühle oder Bedürfnisse anderer zu erkennen, zu akzeptieren oder sich in sie hineinzuversetzen.
- Sie sind häufig neidisch auf andere oder glauben, andere seien neidisch auf sie.
- Sie zeigen arrogante, hochmütige Verhaltensweisen oder Ansichten.
(Pro Psychotherapie e.V. o.J.)

Die narzisstische Persönlichkeitsstörung hat viele Facetten und Ausdrucksformen, so dass verschiedene Symptome in unterschiedlichster Form auftreten können (Grüttefien 2017). Die Häufigkeit in der Gesamtbevölkerung liegt – natürlich abhängig von den verwendeten Diagnosekriterien, bei 0,5 – 2,5 %. Narzisstische Persönlichkeitszüge findet man jedoch viel häufiger (DocCheck Medical Services GmbH o.J.).

Es wird vermutet, dass genetische Faktoren bei der Entstehung des Narzissmus eine Rolle spielen. Wie bereits zuvor erwähnt, entsteht Narzissmus jedoch meistens in der frühen Kindheit, wenn sich die eigene Individualität und das Selbstwertgefühl entwickeln sollten. Die psychoanalytische Theorie besagt, dass Menschen mit einer narzisstischen Persönlichkeitsstörung entweder als Kind zu wenig Anerkennung und Liebe von ihren Eltern erfahren haben. Ein Beispielsatz dazu wäre:

„Ich war wie Luft (Praxis Zadrazil o.J.)". Oder dass sie die Wünsche des Kindes besonders in den Mittelpunkt gestellt und übermäßig für seine Talente bewundert haben und damit überforderten, beispielsweise mit Aussagen wie: „Du bist mein großer Junge, du schaffst alles (Praxis Zadrazil o.J.)." Aus diesem Grund schwanken Betroffene zwischen einem krankhaften positiven Selbstbild und der Angst, anderen nicht zu genügen. Sie sind davon überzeugt, nur dann Anerkennung und Liebe zu erlangen, wenn sie möglichst viel dafür tun, zum Beispiel ihre Talente und Besonderheiten zeigen. Die psychoanalytische Methode schlägt vor, dass die Neidgefühle und das fehlende Empathiegefühl durch unbewusste Wut auf andere hervorgerufen werden. Ihre Tendenz, andere auszunutzen und zu manipulieren, führt dazu, dass sie keine angemessenen zwischenmenschlichen Erfahrungen sammeln können (Pro Psychotherapie e.V. o.J.). Betroffene neigen zu geschicktem Taktieren, nehmen keine Rücksicht und strahlen emotionale Kälte aus (Praxis Zadrazil o.J.).

3.2 Machiavellismus

3.2.1 Niccolò Machiavelli

Diese Ausprägung geht auf den bekannten italienischen politischen Theoretiker Niccolò Machiavelli (1469-1527) zurück. Mit seinen Schriften und vor allem mit seinen Hauptwerken „Il Principe", zu Deutsch „Der Fürst" (1513) und „Discorsi" (1522), prägte er den Machiavellismus. Er analysierte das politische Handeln in Italien des 15. Jahrhunderts, dessen Nachwirkungen sich immer noch in heutigen Staatslehren zeigen. Ausschlaggebend für die Persönlichkeitsmerkmale des Machiavellismus ist ersteres Werk (Henning 1983). Zusammenfassend geht es in dem Buch um die damaligen verschiedenen Fürstentümer und wie man sie erlangen kann, über die richtige Führung eines Heeres und abschließend über das korrekte Verhalten eines Fürsten und welche Eigenschaften er bestenfalls aufweisen sollte (Lengersdorf 2017). Das Motiv des politischen Handelns ist reines Machtinteresse, meint Machiavelli (Henning 1983).

Seine Theorie besagt, dass der Mensch im Grunde böse ist und sich immer unmoralisch verhalten wird, wenn er daraus einen Nutzen ziehen kann. In einem Schlüsselsatz verpackt wäre das der rücksichtslose Machtmissbrauch des Regierenden, der einzig und alleine dazu dient, mit grausamen Methoden die Herrschaft und somit die Macht zu sichern. Um diese radikale Einstellung verstehen zu können, ist es essentiell, Machiavellis Menschenbild näher zu betrachten. Er ist davon überzeugt, dass sich ein Mensch aus seinem tiefsten Inneren nicht ändern kann. Sein Hauptstreben bleibt immer die Machtmaximierung und er wird dies ohne Rücksicht auf Verluste durchsetzen. Dabei ist es ihm egal, ob seine Methoden gut oder schlecht sind. An sich ist diese Annahme nichts Neues für uns Menschen (Sewald 2001, S. 1). Der Theoretiker meint, dass sich tief in unserem Unbewussten ein Machiavellist verbirgt, da wir uns instinktiv – abhängig von der Position der sozialen Rangordnung – nach dieser Theorie verhalten (Kreutzer 2010). Der Dauerkonflikt zwischen Ethik und Politik ist seit Machiavelli nicht mehr wegzudenken (Henning 1983).

Herfried Münkler schreibt im Vorwort der Fischer Ausgabe des „Principe", dass anstelle des Ideals der Politik die Wirklichkeit gesetzt wurde (zitiert nach Kreutzer 2010). Das Werk ist sehr umstritten und es wurde ihm auch viel Kritik entgegengebracht. Die katholische Kirche beispielsweise setzte seine Werke auf den Index. „Il principe" wurde sogar erst 200 Jahre nach seinem Tod veröffentlicht (Sewald 2001, S. 1).

3.2.2 Soziales Chamäleon

Psychologisch betrachtet ist der Machiavellismus ein kontroverser, mehrdeutiger und vor allem vager Begriff, bei dem lediglich ein Definitionsversuch vorliegt (Henning 1983). 1970 haben die Psychologen Christie & Geis dieses Konzept als Persönlichkeitskonstrukt erarbeitet. Dabei sind vier Merkmale kennzeichnend:

1. Relativ geringe affektive Beteiligung bei interpersonellen Beziehungen (Sympathie würde nur einen skrupellosen Einsatz von Manipulationstechniken und Intrigen verhindern)
2. Geringe Bindung an konventionelle Moralvorstellungen (Täuschmanöver, Lügen und Halbwahrheiten werden unter dem Aspekt der Nützlichkeit gesehen)
3. Realitätsangepasstheit (ein Mangel an neurotischen und psychotischen Verhaltenstendenzen. Wer andere manipulieren will, muss realitätsangepasst sein, um die Schwachstellen anderer ausfindig machen zu können)
4. Geringe ideologische Bindung (selbst bei Mitgliedschaften in ideologisch gebundenen Organisationen ist man primär an taktischen Aktionen interessiert, um das jeweils Machbare erfolgreich durchsetzen zu können) (Six o.J.)

Der Zweck heiligt die Mittel. Auf das Ergebnis kommt es an, aber nicht, über welchen Weg es erreicht wurde. Ihre manipulativen, ausbeuterischen und eigennützigen Verhaltensweisen machen dies sehr einfach. Machiavellisten sind egoistisch, zynisch und kennen nahezu keine Grenzen. In diesem Zusammenhang denken sie sich kluge Vorgehensweisen und geschickte Strategien aus, um ihre Absichten durchzusetzen. Ihr Fehlverhalten kann nur selten nachgewiesen werden. Machiavellisten sind grundsätzlich in der Lage, Empathie zu zeigen, aber nur, wenn es in ihrem Interesse liegt. Dadurch können sie das Vertrauen der anderen gewinnen und gleichzeitig erfolgreiche Netzwerke aufbauen. Sie nutzen ihre Mitmenschen aus, können ihre Absichten jedoch gut tarnen. Eine Beziehung wird selten ohne Hintergedanken eingegangen. Machiavellisten sind Meister der Selbstdarstellung und werden aus diesem Grund von außen oft positiv wahrgenommen. Sie können die negativen Aspekte ihrer Persönlichkeit gekonnt verstecken, wenn es darauf ankommt (Hell und Schneider 2016).

Moral und Ethik haben bei ihnen keinen hohen Stellenwert. Dieses Vorgehen beschränkt sich nicht auf die Politik - die Spannbreite ist weit. Sie reicht vom Kanzlerkandidaten, der lügt, um gewählt zu werden, vom Manager, der seine Mitarbeiter ausstellt, um mehr Profit zu machen, bis hin zum Verkäufer, der alles versucht, um seine Ware anzubringen (Kreutzer 2010).

Abbildung 4: Karriereleiter

Der deutsche Bildhauer Peter Lenk errichtete 2007 sein Kunstwerk „Karriereleiter" vor der Investitionsbank an der Berliner Bundesallee. Man sieht auf dem unteren Teil der Leiter zwei Männer in Anzügen, die versuchen, sich nach oben zu kämpfen. Hierfür ist ihnen jedes Mittel recht. Sie stoßen, treten, und versuchen so, den anderen von der Leiter abzubringen. Doch ein Dritter hat es bereits bis ganz nach oben geschafft, „hängt" gemütlich an der Spitze und leuchtet mit einer Taschenlampe auf die anderen zwei. Man könnte dies interpretieren, dass er versucht, den anderen den Aufstieg zu erschweren (Müller 2008, S. 250).

Christian Montag, Professor für Molekulare Psychologie an der Universität Ulm und sein Forscherteam, haben anhand einer Studie herausgefunden, dass Träger einer bestimmten Genvariante und auch schizotype Persönlichkeiten besonders machiavellistisch sind. Bei der Studie „The DRD3 Ser9Gly polymorphism, Machiavellianism, and its link to schizotypal personality" wurden 630 gesunden Probanden mit molekularbiologischen Methoden auf das Gen DRD3 (Dopamin Rezeptor) untersucht und mit dem Mach-IV Testinstrument befragt. Da dieses Gen bereits in der Vergangenheit mit Schizophrenie assoziiert wurde (wenn auch mit schwachen Tendenzen), war es für die Studie essentiell, dass bei einer Untergruppe der SPQ-B (Screening zur Erfassung von schizotypen Persönlichkeiten) zusätzlich zum Einsatz kam. Die Ergebnisse zeigten, dass der Neurotransmitter Dopamin aus der molekulargenetischen Perspektive eine bedeutsame Rolle bei der Persönlichkeitsausprägung Machiavellismus spielt (Montag et al. 2015).

Montag betont jedoch, dass viele weitere Gene bzw. Umweltfaktoren zur Entstehung beitragen. Des Weiteren sind es Männer, die tendenziell dazu neigen, machthungrig und manipulativ zu agieren. Außerdem bestätigt die Studie den Zusammenhang zwischen schizotypen Persönlichkeiten und machiavellistischen Verhaltenstendenzen. Überraschenderweise haben Probanden mit gesunden schizotypen Persönlichkeitseigenschaften sehr hoch mit Machiavellismus korreliert. Montag meint, dass hier scheinbar andere Zusammenhänge gelten als in der Psychopathologie. Trotz alldem können sich dadurch keine allgemeingültigen Aussagen ableiten lassen. Die Ergebnisse beschränken sich immer nur auf Einzelpersonen. Der Schritt, Persönlichkeitsmerkmale auf genetische Veranlagung zurückzuführen, ist jedoch gelungen und bildet einen wichtigen Beitrag zum Forschungsfeld „Neuroökonomie" (Bingmann 2015).

3.2.3 Beispiel Figur Jago von Shakespeare

Als veranschaulichendes Beispiel für den Machiavellismus habe ich den Charakter Jago aus William Shakespeare's Werk „Othello" gewählt. Kurz zum Inhalt dieses Stückes: Die schöne Frau Desdemona ist mit dem schwarzen Feldherren Othello verheiratet. Sein Fähnrich namens Jago will sich wegen einer Ungerechtigkeit (jemand anderer wurde bei einer Beförderung vorgezogen) an Othello rächen. Durch Intrigen treibt er Othello zum Mord an seiner Frau (Sabinger 2014).

Jago ist von Natur aus Böse. Er spricht in direkter Rede mit dem Publikum und weiht es so in seine Pläne ein. Belustigend schaut er den anderen Charakteren dabei zu, wie sie ihm in die Falle gehen. Er agiert dabei wie ein Marionettenspieler. Jago kommt – wie Niccolò Machiavelli – aus Florenz. Gleich am Anfang des Stückes enthüllt er seine wahre Identität:

> „Wär' ich der Mohr, nicht möcht' ich Jago sein.
>
> Wenn ich ihm diene, dien' ich nur mir selbst;
>
> Der Himmel weiß es! nicht aus Lieb und Pflicht,
>
> Nein, nur zum Schein, für meinen eignen Zweck;" (Farrell 2016, S. 98)

Jago wertet seinen schwarzen Feldherren ab und stellt klar, dass er nur sich selbst dient. Er spielt ein Spiel, um seine eigenen Wünsche erfüllen zu können.

Jago ist ein Lügner und sehr zynisch. Er entwertet Othello abermals mit seinem Zynismus:

> „Jetzt, eben jetzt, bezwingt ein alter schwarzer
>
> Schafbock Eu'r weißes Lämmchen. – Auf! heraus!
>
> Weckt die schlaftrunkenen Bürger mit der Glocke,
>
> Sonst macht der Teufel Euch zum Großpapa." (Farrell 2016, S. 98)

In diesem Zitat wird das Liebesspiel zwischen Othella und Desdemona dargestellt, über welches sich Jago lustig macht.

Jago selbst hat keine Freunde, geschweige denn tiefgehende Liebesbeziehungen, da er ein eigennütziger Mensch ist. Er ist zwar mit Emilia verheiratet, hat aber keine Wertschätzung für sie übrig. Treue und Liebe passen nicht in seine egoistische Lebensweise. Als Emilia seine tödliche Intrige bemerkt, tötet Jago sie, ohne auch nur zu zögern. Er manipuliert durch Suggestion, seine Waffe ist die Sprache. Er möchte Othello und Desdemona zerstören. Er schlägt seinem Chef vor, seine eigene Frau zu töten: „Tut es nicht mit Gift; erdrosseln sie in ihrem Bett" (Farrell 2016, S. 99) Die vielen Toten am Ende des Dramas gehen auf Jago's Konto. Er ist sich seines unmoralischen Handelns durchaus bewusst, lässt sich davon aber nicht beeindrucken und steht zweifelsfrei zu seinen Taten. Es macht ihm sogar Spaß, mit seinem schauspielerischen Talent die Leben anderer zu zerstören. Man könnte sagen, Jago ist ein dämonischer Machiavellist (Farrell 2016).

3.3 Psychopathie

3.3.1 Die Natur eines Psychopathen

Die Psychopathie lässt sich mit folgendem prägnantem Satz beschreiben: „Die anderen dienen als Objekt" (Lengersdorf 2017). Die Einstellung ist geprägt von hoher Impulsivität, Thrill-Seeking (Wunsch nach intensiven Erfahrungen), Empathievermögen auf Knopfdruck (vgl. Keysers) und rücksichtslosen Verhaltensweisen (May 2015). Doch wo genau liegt jetzt der Unterschied zu den anderen zwei Ausprägungen? Psychopathen haben keine Angst, somit auch keine Angst vor Konsequenzen. Diese Gleichgültigkeit macht sie zur dunkelsten Facette der Triade, da sie eiskalt sein können. Eine weitere Abgrenzung stellt das rücksichtslose Impulsverhalten dar, welches Psychopathen zu überdurchschnittlicher Aggression und Kriminalität treibt. Wenn sie andere als bloßes Objekt betrachten, können sie leichter manipulieren, missbrauchen, misshandeln oder sogar töten (Lengersdorf 2017). Doch nicht jeder Psychopath wird zum Vergewaltiger oder Mörder. Dies hängt von der Entwicklung des Menschen, dessen Intelligenz, sozialer Schicht und auch Schulbildung ab (Vonhoff 2016). Psychopathen scheinen immun gegen Stress zu sein und verhalten sich auch in Ausnahmesituationen, in der ein „Normalbürger" Panik bekommen würde, ruhig (Lengersdorf 2017). Soziale Standards werden als irrelevant eingestuft. Sie neigen eher zum Handeln als zum Denken und sind allzeit bereit, Risiken einzugehen (May 2015).

In der Studie „Deficient fear conditioning in psychopathy: a functional magnetic resonance imaging study" von Niels Birbaumer, ein österreichischer Psychologe und Neurowissenschaftler, zeigte sich, dass Psychopathen Hirndefizite im Zusammenhang mit der Amygdala (Teil des limbischen Systems), insbesondere der Furchtkonditionierung, aufzeigen. Hierfür wurden zehn kriminelle Psychopathen und zehn gesunde Probanden im Magnetresonanztomographen (MRT) untersucht

(Birbaumer et al. 2005). Ihnen wurden Bilder von unterschiedlichen Gesichtern gezeigt. Nach jedem Gesicht mit einem Schnurrbart wurde ihnen ein Stromschlag verpasst. Die Kontrollgruppe reagierte gefühlsmäßig „adäquat" darauf– sprich die zuständigen Furchtareale wurden aktiviert. Bei den Psychopathen funktionierte diese Angstinduktion nicht. Sie waren sich durchaus darüber bewusst, dass die Schnurrbartbilder Schmerzen zufolge hatten, jedoch reagierte ihr Gehirn nicht dementsprechend (Westdeutscher Rundfunk Köln 2014). Durch die fehlende Angst der kriminellen Psychopathen fürchten sie die Folgen ihrer Taten nicht und sind reuelos (Nkrumah 2013).

3.3.2 Liste der Psychopathie-Symptome

Die Psychopathie findet sich im ICD-10 als Sonderform der dissozialen (F60.2) und im DSM-5 unter den antisozialen Persönlichkeitsstörungen.

Hervey Cleckley (1903-1984) war ein amerikanischer Psychiater und gilt als Pionier der Psychopathie Forschung. Mit seinem Buch „The Mask Of Sanity" vollbrachte er die einflussreichste klinische Beschreibung der Psychopathie des 20. Jahrhunderts.

Hervey Cleckley's Liste der Psychopathie-Symptome (PCL):

- Beträchtlicher, oberflächlicher Charm (und durchschnittliche oder überdurchschnittliche Intelligenz)
- Abwesenheit von Wahnvorstellungen (und anderen Anzeichen von irrationalem Denken)
- Abwesenheit Angst/Besorgnis/Nervosität (und anderen „neurotischen" Symptomen. Beträchtliche Gelassenheit/Selbstsicherheit, Ruhe und Redegewandtheit)
- Unzuverlässigkeit, Missachtung von Verpflichtungen und kein Verantwortungsgefühl
- Unaufrichtigkeit
- Fehlen von Reue und Schamgefühl
- Antisoziales Verhalten (das unangemessen motiviert und schlecht geplant ist. Es scheint von einer unerklärlichen Impulsivität herzurühren)
- Schlechtes Urteilsvermögen und Unfähigkeit, aus Erfahrungen zu lernen
- Pathologische Egozentrik. Totale Selbstzentriertheit und Unfähigkeit zu echter Liebe und Zuneigung

- Generelle Armut an tiefen und nachhaltigen Gefühlen
- Das Fehlen jeglicher echter Selbsteinsicht; Unfähigkeit, sich selbst so zu sehen, wie man von anderen gesehen wird
- Undankbarkeit für jegliche spezielle Wertschätzung, Liebenswürdigkeit und Vertrauen (Unempfänglichkeit im zwischenmenschlichen Kontakt)
- "Tolles" und anströßiges Verhalten (nach Alkoholkonsum und manchmal auch ohne diesen. Obszönität, Grobheit, schnelle Stimmungswechsel, Streiche zur billigen Unterhaltung)
- Keine echten Suizidversuche in der Vergangenheit
- Ein unpersönliches, triviales und dürftig eingebautes Sexleben
- Versagen beim Verfolgen eines Lebensplans und beim Führen eines geordneten Lebens (es sei denn, es dient zerstörerischen Zwecken, oder es ist nur vorgetäuscht)

(Moscovici 2012)

Auf dieser bahnbrechenden Arbeit basiert Robert Hare's Check Liste. Der kanadische Kriminalpsychologe ist ebenfalls ein Experte der Psychopathie und entwickelte den PCL-R (Psychopathy Checklist Revised):

- (REDE)GEWANDT/SCHLAGFERTIG und OBERFLÄCHLICHER CHARME (Die Tendenz, aalglatt, einnehmend, charmant, raffiniert und redegewandt zu sein. Der psychopathische Charme ist kein Bisschen schüchtern oder gehemmt. Er fürchtet sich nicht davor, etwas zu sagen. Ein Psychopath wird nie sprachlos. Er kann auch ein guter Zuhörer sein, um Empathie vorzutäuschen, während er sich auf die Träume und verletzlichen Stellen seiner Opfer konzentriert, um diese besser manipulieren zu können.)
- STARK ÜBERSTEIGERTES SELBSTWERTGEFÜHL (Eine stark überhöhte Sicht seiner Fähigkeiten und seines Selbstwerts, selbstsicher, starrsinnig, eingebildet, ein Angeber. Psychopathen sind arrogante Leute, die glauben, dass sie überlegene Menschen seien.)

- STIMULATIONSBEDÜRFNIS (ERLEBNIS-HUNGER) oder NEIGUNG ZUR LANGEWEILE (Ein exzessives Bedürfnis nach neuer, packender und aufregender Stimulation; Risiken eingehen und riskante Dinge tun. Psychopathen fehlt oft die Selbstdisziplin, um Aufgaben bis zur Vollendung zu bringen, weil sie sich leicht langweilen. Sie schaffen es z. B. nicht, einen Job auf Dauer zu behalten, oder Aufgaben zu beenden, die sie als langweilig oder als Routine betrachten.)
- PATHOLOGISCHES LÜGEN (Kann gemäßigt oder stark sein. Gemäßigte Form: schlau, gerissen, listig, hinterlistig und schlitzohrig. In extremer Form: irreführend, falsch, fies, skrupellos, manipulativ und verlogen.)
- LISTIG, BETRÜGERISCH und MANIPULATIV (Die Verwendung von Hinterlist und Täuschung, um andere zum eigenen Vorteil auszutricksen, zu hintergehen und zu betrügen; im Unterschied zu Punkt Nr. 4 in dem Maße wie Ausnutzung und kalte Rücksichtslosigkeit vorhanden sind, welche sich in fehlendem Interesse an den Gefühlen und dem Leiden der Opfer zeigen.)
- FEHLEN VON REUE oder SCHULDBEWUSSTSEIN (Fehlende Besorgnis über und Interesse für den Schaden, den Schmerz und das Leid der Opfer. Die Tendenz, gleichgültig, unbewegt, hartherzig und teilnahmslos zu sein. Dieser Punkt zeigt sich üblicherweise durch Verachtung der Opfer.)
- OBERFLÄCHLICHE GEFÜHLE (Emotionale Armut oder eine begrenzte Bandbreite oder Tiefe der Gefühle; zwischenmenschliche Kälte, trotz Zeichen von aufgeschlossener Geselligkeit und oberflächlicher Herzlichkeit. Echte Gefühle sind flüchtig und egozentrisch.)
- GEFÜHLSKÄLTE und FEHLEN VON EMPATHIE (Fehlende Gefühle gegenüber Menschen im Allgemeinen; kalt, verächtlich, rücksichtslos und taktlos.)
- PARASITÄRER LEBENSSTIL (Eine absichtliche, manipulative, egoistische und ausnützerische finanzielle Abhängigkeit von anderen, die sich in fehlender Motivation, schlechter Selbstdisziplin und in der Unfähigkeit, seine Verantwortung wahrzunehmen, widerspiegelt.)
- SCHLECHTE VERHALTENSKONTROLLE (Das Ausdrücken von Reizbarkeit, Verärgerung, Ungeduld, Drohen, Aggression und Beleidigungen; unzureichende Kontrolle von Wut und Temperament; voreiliges Handeln.)

- PROMISKES SEXUALVERHALTEN (PROMISKUITÄT) (Eine Vielzahl von kurzen, oberflächlichen Beziehungen, zahlreiche Affären und eine unterschiedslose Auswahl von Sexualpartnern; das Führen von mehreren Beziehungen gleichzeitig; eine Vorgeschichte mit Versuchen, andere zu sexuellen Handlungen zu nötigen (Vergewaltigung); mit großem Stolz über sexuelle Taten und Eroberungen sprechen.)
- FRÜHE VERHALTENSAUFFÄLLIGKEIT (Eine Vielzahl von Verhaltensweisen vor dem 13. Lebensjahr, dazu gehören: Lügen, Diebstahl, Betrügereien, Vandalismus, Mobbing, sexuelle Aktivität, Feuerlegen, Klebstoffschnüffeln, Alkoholkonsum und von Zuhause weglaufen.)
- FEHLEN VON REALISTISCHEN, LANGFRISTIGEN ZIELEN (Eine Unfähigkeit zum (oder andauerndes Scheitern beim) Entwickeln und Ausführen von langfristigen Plänen und Zielen; eine nomadenhafte Existenz, ziellos, ohne eine Richtung im Leben.)
- IMPULSIVITÄT (Das Vorkommen von Verhaltensweisen, die unvorbereitet sind und denen Überlegung oder Planung fehlen; Unfähigkeit, Versuchungen, Frustrationen und momentanen Verlangen zu widerstehen; nicht an die Folgen denken; töricht, leichtsinnig, unberechenbar, launisch und rücksichtslos.)
- VERANTWORTUNGSLOSIGKEIT (Wiederholtes Versäumen, Verpflichtungen und Verbindlichkeiten zu erfüllen oder anzuerkennen, wie z. B: Rechnungen nicht bezahlen, Zahlungsrückstände bei Krediten, schlampige Arbeit abliefern, Nichterscheinen/zu spätes Erscheinen zur Arbeit, Nichteinhalten von vertraglichen Vereinbarungen.)
- FEHLENDE BEREITSCHAFT UND FÄHIGKEIT, VERANTWORTUNG FÜR DAS EIGENE HANDELN ZU ÜBERNEHMEN (Zeigt sich in schlechter Gewissenhaftigkeit, Abwesenheit von Pflichtbewusstsein, feindseliger Manipulation, Verleugnung von Verantwortung und in dem Versuch, andere durch diese Verleugnung zu manipulieren.)
- VIELE KURZZEITIGE (EHELICHE) BEZIEHUNGEN (Fehlende Hingabe für eine Langzeitbeziehung; zeigt sich in unbeständigen und unzuverlässigen Bindungen im Leben, dies beinhaltet auch eheliche und familiäre Bindungen.)

- JUGENDKRIMINALITÄT (Verhaltensauffälligkeit im Alter von 13-18 Jahren; hauptsächlich Verhaltensweisen, die Verbrechen darstellen oder deutliche Anzeichen von Feindseligkeit, Ausnutzung, Aggression, Manipulation oder von abgebrühter, mitleidloser Widerborstigkeit aufweisen.)
- VERSTOSS GEGEN BEWÄHRUNGSAUFLAGEN BEI BEDINGTER HAFTENTLASSUNG (Eine Rücknahme der Bewährung wegen z. B. Gleichgültigkeit, mangelnder Beratschlagung oder Nichterscheinens.)
- VIELGESTALTIGE KRIMINALITÄT (Vielfältige Arten von kriminellen Vergehen, unabhängig davon, ob die Person derer überführt oder deswegen festgenommen wurde; ein Psychopath empfindet großen Stolz, wenn er mit Verbrechen oder Fehlverhalten ungeschoren davonkommt.)

(Moscovici 2012)

3.3.3 Beispiel Chuck Yeager

Charles (Chuck) Yeager war ein amerikanischer Kampfpilot des zweiten Weltkrieges und bereits eine fliegende Legende in seinen frühen Zwanzigern. 1944 hat er zweimal vier verfeindete Flugzeuge an einem einzigen Tag außer Gefecht gesetzt. Viele weitere dieser furchtlosen Aktionen führten dazu, dass Yeager von der U.S. Air Force gewählt wurde, um als erster Mensch die Schallmauer zu durchbrechen (Lilienfeld et at. 2016, S. 65-66).

Vor ihm hat es bereits ein britischer Pilot versucht, jedoch nahm dies ein tragisches Ende. Damalige Ingenieure waren der Meinung, dass jede Maschine im Endeffekt instabil und sofort auseinanderfallen würde, sobald die Schallmauer durchbrochen wird. Yeager ließ sich von dem nicht abschrecken. Am 14. Oktober 1947 war es dann soweit. Er kletterte in eine kleine Bell X-1, welche an einem wesentlich größeren B-29 Flugzeug befestigt war. Diese brachte Yeager zuerst auf 7,9 km und warf die X-1 anschließend über Board. Prompt stürzte sie und stieg dann anschließend auf 13,7 km mit unglaublichen 1078,3km/h. Eine militärische top-secret Einheit beobachtete das Geschehen gespannt von unten, als Yeager schließlich in der Stratosphäre verschwand. Nach kurzen Turbulenzen hörte die Einheit einen gewaltigen Donnerschlag über die ganze kalifornische Wüste. Dies war der erste Überschallknall, ausgelöst durch einen Menschen. Yeager hatte die Schallmauer durchbrochen! Auf seinem 7-minütigen Trip zurück zu Mutter Erde performte er einige halsbrecherische Stunts, bevor er sicher zur Landung aufsetzte. Man muss dazu sagen, dass er zwei Tage vor seinem Flug am Nachhauseritt von einer Bar vom Pferd gefallen ist und sich zwei Rippen gebrochen hat. Yeager verschwieg dies jedoch.

Der Schmerz erschwerte ihm die Maschine zu fliegen. Sechs Jahre später brach Yeager abermals einen Rekord, als er eine Schallgeschwindigkeit von Mach 2,44 (3012,9km/h) erreichte. 2002 durchbrach er mit 79 Jahren das letzte Mal die Schallmauer (Lilienfeld et al. 2016, S. 66).

Chuck Yeager ist die Verkörperung der verschiedenen Dimensionen von furchtloser Dominanz. Diese Eigenschaft beinhaltet interpersonelle Potenz, physische Furchtlosigkeit, Risikobereitschaft und Gelassenheit bei Aussicht auf Gefahr. Der Autor Tom Wolfe beschreibt Yeager in seinem Buch „The Right Stuff" als potenten Cocktail aus Angstlosigkeit, Männlichkeitswahn und Gelassenheit unter enormem Druck. Wenn man auf sein Leben zurückblickt und auf die unzähligen Nahtoderfahrungen, die er jedes Mal mit Fassung getragen hat, kann man Wolfe nur zustimmen. „He broke every rule in the book" (Lilienfeld et al. 2016, S. 67), sagte der pensionierte General J. Kemp McLaughlin, wohlbekannter Kampfpilot des zweiten Weltkrieges und Ex-Kommandant der West Virginia National Guard. „Chuck was a maverick all his life. The guy would do anything" (Lilienfeld et al. 2016, S. 66-67).

4 Partnerschaftliche Beziehungen mit sozialen Raubtieren

Nachdem ich nun die einzelnen Teilausprägungen näher beleuchtet habe, möchte ich mich – wie in der Einleitung bereits erwähnt – mit den Liebesbeziehungen der sozialen Raubtiere beschäftigen. Nach meiner Literaturrecherche zu diesem Thema habe ich beschlossen, von den oberflächlichen in die tiefsinnigeren Verbindungen überzugehen und zum Schluss die Korrelation „soziale Raubtiere und abhängige Persönlichkeiten" zu erklären, da sich dies im Zuge meiner Recherche als sehr relevant herausgestellt hat.

Bevor ich auf die Beziehungen eingehe, in denen vorwiegend ein Ungleichgewicht herrscht, möchte ich kurz das Konzept einer erfüllenden Partnerschaft vorstellen. Allgemeine Bedeutung einer Beziehung ist die gegenseitige Bezogenheit des Handelns, Denkens und Fühlens von zwei Personen. Beziehungen sind in unserer Gesellschaft sehr wichtig, können uns vorantreiben und erfolgreicher machen. Eine Liebesbeziehung schließt zusätzlich die Intimität mit ein, die eine erotische Anziehung voraussetzt (Winkler o.J.). Weitere Merkmale einer erfüllenden Partnerschaft sind Akzeptanz, Unterstützung, Mitgefühl, Respekt, Verantwortung, Bestätigung und offene Kommunikation, um nur einige zu nennen. Voraussetzung ist, dass man tiefe Sympathie für den anderen empfindet und die Bereitschaft mitbringt, sich dem Anderen zu öffnen. Damit eine glückliche Partnerschaft gelingen kann, sollten die Erwartungen abgestimmt werden. Denn es gibt kein Richtig oder Falsch, jede Beziehung ist individuell. Eine Partnerschaft besteht aus Geben und Nehmen, um das Gleichgewicht aufrechtzuerhalten. Wenn der andere zur eigenen Persönlichkeitsentwicklung beiträgt, kann Entfaltung und emotionales Wachstum ermöglicht werden. „Eine harmonische Beziehung ist nicht nur gute Medizin für das seelische und körperliche Wohlbefinden, sie kann unser Leben auch bereichern", sagt Psychologin Doris Wolf (Wolf o.J.).

4.1 Liebe und die dunkle Triade

Wenn man von Anfang an wüsste, auf was man sich bei einem Menschen der dunklen Triade einlässt, dann würde man sich gleich von ihm fernhalten. Wenn der oberflächliche Charme nämlich erstmal verfliegt, bleibt nicht viel übrig und der wahre Charakter kommt zum Vorschein. Man spürt die Selbstbezogenheit und die Aggression – je länger man sie kennt, desto schwieriger fällt es, sie wertzuschätzen. Doch bis es in einer Partnerschaft so weit kommt, ist es oft schon zu spät. Die Kunst zu manipulieren ist dabei ein großer Helfer. Wie beim anfangs erwähnten Beispiel James Bond können ihre schädigenden Absichten durchaus positiv „wirken".

Scheinbar selbstlose Entscheidungen verdecken ihre eigentlich egoistischen Verhaltenszüge. Das imponiert vielen. Man verzeiht den Menschen aus diesem Grund so einiges – auch wenn sie ihre Ziele nicht immer auf gutem Weg erreichen. Man lässt den sozialen Raubtieren mehr Freiraum weil sie so auftreten, als stünde es ihnen zu. Oft wird das Vertrauen, welches der Partner entgegenbringt, schamlos ausgenutzt. Meist fliegen sie beim Betrügen und Lügen erst dann auf, wenn etwas wirklich Gravierendes passiert ist. Beispielsweise wenn sie ihren Job verlieren und dies mit finanziellen Problemen einhergeht, welche man auf Dauer schwer verheimlichen kann. Bis dahin schaffen sie es, mit Schuldzuweisungen das Gegenüber in die Unsicherheit zu treiben. Zum einen haben Menschen eine starke Tendenz ihren Mitmenschen zu vertrauen. Sie gehen davon aus, dass Gesagtes die Wahrheit ist. Zum anderen blockieren Menschen der dunklen Triade natürliche Impulse zur Gegenwehr, denn sie wissen, dass sie mit Angriff eine verletzliche Fläche für andere anbieten. Kurz gesagt, sie profitieren davon, dass andere zu vertrauensvoll, zu anständig sind und sich von Charme, Durchsetzungsvermögen und Zielstrebigkeit blenden lassen (Jimenéz 2015). Eine Beziehung mit einem Menschen der dunklen Triade ist ganz anders als eine gleichberechtigte, erfüllende Partnerschaft wie vorher beschrieben. Während sich eine Verbindung mit einem Menschen der dunklen Triade schon auf freundschaftlicher Basis beziehungsweise im beruflichen Kontext als schwierig gestalten kann, lässt sich vermuten, dass auch bei Liebesbeziehungen Probleme auftreten können. Die tiefe Zuneigung und Liebe, die der andere verspürt, macht ihn zu noch einem leichteren Opfer, das man gekonnt ausnutzen und wie eine Marionette zum eigenen Vorteil benutzen kann. In einer partnerschaftlichen Beziehung von sozialen Raubtieren herrscht eine ganz andere Dynamik und aus diesem Grund ist so eine Verbindung noch schwieriger aufzulösen - außer man ist emotional distanzierter.

4.2 Short-term relationship

Obwohl der Großteil der Menschen vor allem wenn sie das Konzept der dunklen Triade verstehen, Eigenschaften, die die sozialen Raubtiere mitbringen, weder in Freundschaften noch Partnerschaften schätzen, sogar eher ängstlich zurückschrecken würden, finden viele diese Persönlichkeiten auf den ersten Blick doch sehr attraktiv und anziehend. Klischeehaft sind doch die arroganten, einschüchternden Mädchen häufig die beliebtesten in der Schule und die egoistischen Machos, die sich nicht binden wollen, die begehrenswertesten. Das lässt die Frage aufkommen, ob möglicherweise eine Korrelation zwischen Ausstrahlung und der dunklen

Triade besteht? Tatsächlich hat man herausgefunden, dass dies der Fall ist (Grewal 2012). Der Psychologe John Rautmann von der Humboldt-Universität in Berlin ist der Meinung, dass potenzielle Partner zu finden überhaupt kein Problem darstellt. Seit einigen Jahren beschäftigt er sich mit der Frage, wie das Liebesleben von Narzissten, Machiavellisten und Psychopathen funktioniert. Sein Fazit lautet wie folgt: Es funktioniert vor allem für Narzissten hervorragend (Jimenéz 2015). Es handelt sich jedoch um kurzzeitige Verbindungen, die erfolgreich sind. Wie wir wissen, machen Narzissten einen souveränen ersten Eindruck. Die Oberfläche glänzt, damit das dunkle Innere verborgen bleibt – fürs erste. Somit können sie das Gegenüber leicht täuschen und sie in ihren Bann ziehen. Eine Forschergruppe hat dazu eine Studie veröffentlicht. Bei einem Speeddating wollten sie herausfinden, wie die dunkle Triade auf andere wirkt (Neubauer et al. 2016). 90 Teilnehmer zwischen 18 und 32 Jahren haben sich dazu bereit erklärt, an der Studie mitzuwirken. Nach jedem Speeddate haben die Teilnehmer ihren potenziellen Partner bewerten müssen (Attraktivität, Persönlichkeit). Diese Bewertungen beinhalten auch Kommentare wie „Ich kann mir die Person für einen One-Night-Stand vorstellen" (Venosa 2016).

Narzissmus und Psychopathie funktioniert tatsächlich besser, als man denken mag. Sowohl Männer als auch Frauen mit hohen Narzissmus-Werten kamen besonders gut an. Die Menschen, die ihnen nur für kurze Zeit gegenüber saßen, konnten sich die Narzissten sehr gut als Partner an ihrer Seite vorstellen. Bei den Männern konnte man auf eine Korrelation mit dem Persönlichkeitsmerkmal Extraversion schließen. Diese konnten sich gut verkaufen. Sie waren sehr selbstbewusst, humorvoll und charmant. Bei Frauen führte eher die Eitelkeit zu Erfolg. Außerdem gibt es einen linearen Zusammenhang zwischen Attraktivität und Narzissmus. Je höher die Werte, desto attraktiver scheinen sie. Psychopathische Männer gehen meistens auch nicht leer aus. Paradoxerweise sind es ihre extreme Impulsivität und Rücksichtslosigkeit, die sie Erfolg bei Frauen haben lassen. Bei Machiavellisten sieht es anders aus – in der Regel zeigt sich kein solcher Effekt. Sie sind emotional zu kühl und wirken aus diesem Grund langweilig. Diese Studie zeigt, dass die dunkle Macht der Triade evolutionär gesehen auf kurzfristige Beziehungen ausgelegt ist. Die Spontanität, der Abenteuersinn beziehungsweise die unabhängige und gefährliche Art, wie sie ihr Leben führen beeindrucken ihre potenziellen Partner (Lengersdorf 2017).

4.3 Long-term relationship

Kurzfristige Bekanntschaften können abenteuervoll, einzigartig und berauschend sein. Bei langfristigen Beziehungen sieht es anders aus. Entscheidet man sich für eine ernsthafte Partnerschaft mit einem sozialen Raubtier, wird einem leider viel zu spät bewusst, auf was man sich eingelassen hat. Es ist wichtig, frühzeitig die Warnsignale zu erkennen, damit man gleich anfangs eine Beziehung vermeidet, die früher oder später in Destruktivität umschlagen wird.

4.3.1 Narzissten als Lebenspartner

Man kann sagen, dass Narzissmus und langfristige Partnerschaft nicht gut zusammenpassen, da Egoismus, Selbstbezogenheit, Rücksichtslosigkeit, sowie das Durchsetzen der eigenen Bedürfnisse im Vordergrund stehen. Der Narzisst heuchelt das Interesse für den anderen und kann sich außerdem nicht in dessen Gefühlswelt hineinversetzen. Damit fehlen ihm wichtige Fähigkeiten, die für eine glückliche Beziehung unabdingbar sind und aus diesem Grund kann von keiner seriösen Partnerschaft gesprochen werden. Mit einem Narzissten als Lebenspartner verlieben sich nicht zwei Individuen auf Augenhöhe, die sich gegenseitig wertschätzen und respektieren und sich in liebevoller Weise füreinander einsetzen, sondern es geht dem Narzissten darum, jemanden an der Seite zu haben, der ihn für seine Grandiosität bewundert. Der Partner soll Alltagssorgen abnehmen und ihn verwöhnen. Narzissten möchten kein selbstbewusstes, eigenständiges Gegenüber, das seine eigenen Meinungen vertritt, sondern jemanden, der sie in den Mittelpunkt stellt und somit auf ein authentisches Eigenleben verzichtet. „Der andere existiert nicht als Individuum, sondern als Spiegel. [...] Er (der Narzisst) ist jemand, der nie als menschliches Wesen anerkannt wurde und der gezwungen war, sich ein Spiegelbild zu entwerfen, um sich der Illusion hinzugeben, zu existieren" (Hirigoyen 2017, S. 155-156). Narzissmus hat etwas Diktatorisches an sich, somit sind demokratische Verhältnisse in einer Beziehung ausgeschlossen. Die typischen Partner eines Narzissten sind Menschen, die keine eigenen Ansprüche und ein geringes Selbstwertgefühl haben. Sie befriedigen nur die Bedürfnisse ihres Partners und sehen ihre Erfüllung darin, ihm ganz und gar zu dienen. Sie wollen zu jemandem Aufsehen und ihn bewundern. Auf den ersten Blick mag das eine gute Verbindung sein, da beide ihren Nutzen aus der Beziehung ziehen. Das Fatale jedoch ist, dass der Co-Narzisst (Partner des Narzissten) sich anstrengen kann so viel er möchte, es wird dem Narzissten nie genügen. Das nie enden wollende Bedürfnis nach Bewunderung kann man nicht stillen. Wenn der Partner nicht zu 100 Prozent, jede Sekunde den Narzissten so behandelt, wie das soziale Raubtier es sich vorstellt, wird die Beziehung nicht funktionieren. Sie stellen immer höhere Forderungen und bemerken nicht, dass sie den Anderen damit belasten. „Der Narziß wird, da er keine Substanz hat, sich an den anderen ‚ankoppeln' und wie ein Vampir versuchen, ihm sein Leben auszusaugen" (Hirigoyen 2017, S. 156).

Zu Beginn einer solchen Beziehung fühlt sich jedoch alles so gut an. Nichts lässt den Anschein erwecken, dass sich diese Liebe zu einem wahren Albtraum entwickeln könnte. Der Narzisst gibt seinem Partner das Gefühl, etwas ganz Besonderes zu sein. Er wertschätzt ihn und weiß sein mangelndes Selbstwertgefühl aufzubauen. Der Narzisst verspricht, die sehnlichsten Wünsche zu erfüllen und ein wundervolles, glückliches Leben zu ermöglichen. Personen jeglicher Altersstufe, sozialer Herkunft und Bildungsniveau können sich zu einem sozialen Raubtier hingezogen fühlen. Eine glatte Oberfläche ohne Ecken und Kanten, ein übertriebenes Werben und beeindruckendes, charmantes Auftreten können narzisstische Elemente sein (Grüttefien o.J.).

Im Laufe der Beziehung wird ein Narzisst mehr und mehr Platz für sich beanspruchen. Alles muss sich um ihn drehen – die großzügigen Gesten werden immer weniger und bleiben letztendlich aus. Der Partner wird als Eigentum gesehen, der Respekt verschwindet und stattdessen entwickelt sich die Genugtuung, den Anderen von oben herab zu behandeln. Der Narzisst muss die Macht behalten, indem er das Selbstwertgefühl weiter erschüttert, kränkt und verunsichert (Grüttefien o.J.).

„Aus Gründen, die mit ihrer Geschichte in den ersten Lebensjahren zusammenhängt, konnten sich die Perversen (Narzissten) nicht selbst entfalten. Mit Neid nehmen sie wahr, daß andere Individuen über das verfügen, was man braucht, um sich zu verwirklichen. Da sie immer ‚neben sich stehen', versuchen sie, das Glück ‚nebenan' zu zerstören. [...] Da sie sich nicht vollkommen wohl fühlen in ihrer Haut, sollen die anderen, selbst die eigenen Kinder, sich auch nicht wohl fühlen! Unfähig zu lieben, versuchen sie jede ungezwungene, natürliche Beziehung zu zerstören – aus Zynismus. [...] Sie freuen sich am Leid des anderen. Um sich zu bestätigen, brauchen sie die Niederlagen des anderen. Auffällig bei ihnen ist ihr Bedürfnis, alle und jeden zu kritisieren. Auf diese Weise behalten sie die ‚Allmacht': ‚Wenn die anderen Nullen sind, bin ich automatisch besser!' [...] Die Sehnsucht des anderen und seine Vitalität zeigen ihnen ihre eigenen Mängel. Man findet da – wie bei vielen Menschen – den Neid auf die privilegierte Beziehung wie zwischen Mutter und Kind. Aus diesem Grund wählen sie ihre Opfer zumeist unter Personen voller Energie, die Freude am Leben haben, als suchten sie ein wenig von deren Kraft für sich abzuzweigen.

[...] Die Güter, um die es hier geht, sind selten materielle Güter. Es sind geistige Fähigkeiten, die schwer zu entwenden sind: Lebensfreude, Empfindsamkeit, Gewandtheit im Gespräch, Kreativität, musikalische oder literarische Talente... [...] Die Perversen saugen die positive Energie derer, die sie umgeben, auf, nähren und erneuern sich davon; und danach laden sie ihre ganze negative Energie auf sie ab. Das Opfer bringt ungeheuer viel mit, aber es ist nie genug. Nie zufrieden, sind die narzißtischen Perversen stets ‚Opfer', und ihre Mutter (oder das Objekt, auf das sie ihre Mutter projiziert haben) wird immer für verantwortlich gehalten. Die Perversen attackieren den anderen, um aus der Opfersituation herauszukommen, die sie in ihrer Kindheit kennengelernt haben. In einer Beziehung führt diese alte Opfer-Ausstrahlung den Partner in die Irre, der trösten, wiedergutmachen will und nicht an Schuldzuweisungen denkt" (Hirigoyen 2017, S. 160-162).

Mit diesem Zitat wird verdeutlicht, dass die Ursachen des Narzissmus in der Kindheit liegen. Es ist keine bewusste Entscheidung (abgesehen vom positiven Narzissmus, der die gesunden Anteile wie die Selbstliebe und das Selbstwertgefühl meint) ein Narzisst zu werden, sondern die Unfähigkeit sein Selbst zu entfalten. Sie sind wie Vampire, da sie am Lebensglück des Anderen saugen und sich dadurch nähren.

Kommen wir noch einmal auf das Verhältnis zurück, bei dem Narzisst und Komplementärnarzisst ihren Nutzen aus der Partnerschaft ziehen. Denn der eigentliche Beziehungskonflikt steckt im Extremen der Beiden. Der Narzisst steigert sein Selbstwertgefühl durch die Bewunderung seines Partners. Der Co-Narzisst wiederum erhöht seines durch die Idealisierung von ihm. Diese Verhaltensweise dient dem jeweils anderen. In der Regel entwickelt der Narzisst Ängste, sich komplett von seinem Partner abhängig zu machen und inszeniert einen Streit, um das eingependelte Verhältnis ins Ungleichgewicht zu bringen. Wenn der Co-Narzisst seiner eigenen Selbstverwirklichung nachgeht, kann dies ein neues Konfliktpotenzial mitbringen. Kommt es – aufgrund von übermäßigen Kränkungen und Verletzungen des Narzissten – zu einer Trennung, beendet der Narzisst die Beziehung möglichst schnell und ohne Diskussionen. Möchte der Co-Narzisst das Verhältnis auflösen, empfindet der Narzisst dies als Niederlage und verharrt in der Opferrolle. Die Kränkung kann eine unbändige Wut auslösen (Grüttefien o.J.). „Bei Trennungen spielen sich die Perversen dann als verlassene Opfer auf, was ihnen eine schöne Rolle beschert und ihnen ermöglicht, einen neuen, tröstenden Partner anzulocken" (Hirigoyen 2017, S. 162).

Zusammenfassend lässt sich sagen, dass eine Partnerschaft mit einem Narzissten immer der einer Zweckbeziehung gleichzusetzen ist, in der Machtverhältnisse und

Aufgabenteilung schnell bestimmt werden. Falls es gelingt, den Narzissmus in einer Partnerschaft zu überwinden – abhängig von den eigentlichen Ursachen des Narzissmus – kann eine beständige, tiefgreifende Beziehung entstehen. Wer allerdings nicht bereit ist, sich zurückzunehmen und nicht darauf achtet, ein DU und WIR zu pflegen, wird von keiner gleichberechtigenden Beziehung sprechen können (Grüttefien o.J.).

4.3.2 Machiavellisten als Lebenspartner

Bei meiner Recherche habe ich einige Informationsquellen über Partnerschaften mit Narzissten und Psychopathen ausfindig machen können. Aktuell gibt es keine relevante Literatur über Machiavellismus und partnerschaftliche Beziehungen. Es gibt eine Handvoll Studien zu diesem Thema, die meines Erachtens jedoch nicht ausgereift sind, um sie in dieser Arbeit zu erwähnen beziehungsweise zu verwenden. Im Kapitel „short-term-relationship" gibt es die Feststellung, dass Machiavellisten bei potenziellen Partnern nicht gut ankommen, da sie emotional zu kühl sind und daher langweilig wirken (Lengersdorfer 2017). Mit dieser Theorie und den machiavellistischen Persönlichkeitsmerkmalen lässt sich behaupten, dass sie in langfristigen Beziehungen den Partner mehr als Mittel zum Zweck anstatt als eigenständiges Individuum sehen und nicht an einer tiefgründigen Verbindung interessiert sind. Die bereits erwähnten Charaktereigenschaften im Kapitel „Machiavellismus" geben Hinweise darauf, wie sich ein Machiavellist höchstwahrscheinlich in einer Partnerschaft verhalten wird und dies daher meist in einer destruktiven Dynamik enden könnte.

4.3.3 Psychopathen als Lebenspartner

Psychopathen binden andere, aber niemals sich selbst. Obwohl sie keine Empathie empfinden, wirken sie hilfsbereit, charismatisch und charmant. Während dem Kennenlernen entpuppen sie sich als ausgesprochen angenehme Zuhörer. Im Gegensatz zu dem Narzissten, welcher gerne von seinen Heldentaten spricht und sich dafür bewundern lässt, sorgt der Psychopath dafür, dass das Gegenüber redet. Während ein empathischer Mensch dies tut, weil er Interesse zeigt, stellt der Psychopath Fragen und hört aufmerksam zu, um die Inhalte für seine Zwecke zu nutzen. Beispielsweise erfüllt er alle Bedürftigkeiten und Sehnsüchte seines Partners, um ihn an sich zu binden (Grundmann 2015).

Anfangs ist es paradiesisch. „In der frühen Phase in einer psychopathischen Beziehung hat die Verführung einen großen Stellenwert" (Zimmermann 2014, S. 133).

Psychopathen sind aufregend, erotisch und voller Abenteuer. Sie geben einem das Gefühl, attraktiver, brillanter und wichtiger zu sein, als man sich je zugetraut hätte. Unglücklicherweise ist genau das die Masche, die sie immer wieder Erfolg haben lässt. Der Partner wird idealisiert und fühlt sich wie im Himmel. „Das Opfer wünscht sich nichts mehr, als der oder die Richtige zu sein. Genau genommen ist der Psychopath ein zweifacher Illusionist. Das Vollkommene wird in den Raum gestellt und das Begehren in dem Opfer geweckt, genau dieses Vollkommene zu sein. Die verführerische Schmeichelei ist bei näherer Betrachtung recht allgemein ausgedrückt und trifft nicht wirklich auf die eigene Person zu" (Zimmermann 2014, S. 134). Trotzdem ist die Phase berauschend, man verliert sein Gleichgewicht und erlebt den maximalen Höhenflug überhaupt. Darin liegt jedoch die nächste Gefahr. Die Fähigkeit wird verloren, Glücksgefühle aus einem selbst zu produzieren – anders formuliert: man wird süchtig nach dem Psychopathen. Alles fühlt sich zu schön an, um wahr zu sein. Zu Recht, denn es ist nicht wahr (Zander o.J.). „Das Spiel mit der doppelten Illusion verschafft den Psychopathen Machtvorteile. Er kann nun vierfach agieren, indem er jeweils das illusorische Bild ausschmückt oder androht, es zu zerstören und er kann die Wünsche nach der Illusion im anderen ablesen, fördern oder als intimes Geständnis gegen das Opfer benutzen. Der Liebespsychopath schafft es, sein eigenes Unvermögen sehr zügig an das Opfer abzugeben. Das ist der Baustein, auf dem er seine Zerstörungswut entwickelt" (Zimmermann 2014, S. 135).

Nach der perversen Verführung – nämlich sich gemeinsam der Illusion der Liebe hinzugeben, werden drei Phasen benötigt, die das Bewusstsein des Partners so verändert, dass er sich komplett aufgibt: die Aneignung, Beherrschung und Zerstörung (Zimmermann 2014).

Phase 1: „Der Agressor beginnt, die Grenzen des Opfers herabzusenken, er erfährt seine Geheimnisse und Bedürfnisse und beginnt, über diese zu bestimmen. Er denkt für das Opfer, indem er ihm sagt, was das Beste für es sei. Er gibt vor, das Beste für das Opfer im Sinn zu haben und es zu verstehen. Bietet eventuell auch Gesten an, die zunächst darauf schließen lassen, dass dem so ist (Zimmermann 2014, S. 142). Der psychopathische Partner versucht, sich als Beziehungsopfer darzustellen, und macht darüber seine neue Partnerin zu einer potenziellen Täterin, wenn sie ihren eigenen Bedürfnissen nachgeht. Die Phase des Auflösens des eigenen Willens des Opfers geht auch mit einer starken Kontrolle einher. Der Liebestöter will genau wissen, was sein Opfer macht und wo es ist. [...] Mit Fürsorge hat das so viel zu tun wie Liebe mit Missgunst. Ein fürsorgender Partner achtet auf die

Bedürfnisse seines geliebten Menschen und respektiert diese" (Zimmermann 2014, S. 143). Die Phase der Aneignung besteht darin, den Anderen dahin zu bringen, dass er so entscheidet, als hätte er es aus seinem eigenen Antrieb getan.

Phase 2: „In der zweiten Stufe wird die Kommunikation in ihrer Verzerrung und doppelten Botschaft eingesetzt. Kommunikation wird vorgetäuscht und nur als trennende Aktion eingesetzt. Der Liebespsychopath wendet sich körperlich von seinem Opfer ab, während er zugewandte Worte von sich gibt. [...] Wenn das Opfer etwas tut, womit der Liebstöter nicht einverstanden ist, wird es mit einem eiskalten Blick zur Räson gebracht. Auch kann dieser Blick unvermittelt dann auftauchen, wenn das Opfer meint, vertrauensvolle Nähe zu spüren. Das Opfer gerät in Unsicherheit darüber, ob es das, was es tut, richtig macht oder nicht. Es wartet auf die Zeichen und bekommt mal für ein richtiges Verhalten oder ein richtiges Gefühl, das in diesem Fall die geforderte authentische Aufrichtigkeit ist, eine Bestrafung in Form eines kalten Blickes, eines Kommunikationsabbruchs, und in weiteren Stufen auch der offenen Entwertung. [...] Ursache und Wirkung können nicht mehr richtig zugeordnet werden. Die Realität der Beziehung verzerrt sich derart, dass die Opfer sich kein Urteil mehr erlauben, sondern nur noch auf Impulse der Belohnung und Bestrafung warten, um das Richtige zu tun. [...] Es ist nun vollkommen in der Hand des raubtierhaften Partners angekommen" (Zimmermann 2014, S. 144-145).

Phase 3: „Das Opfer befindet sich nun in totaler Überwachung. Der Aggressor muss gar nicht gegenwärtig sein, er hat sich mental derart eingenistet, dass sich das Opfer ständig mit ihm auseinandersetzt. [...] Die dauernde Unterwerfung spaltet Menschen in einen Wächter und einen Überwachten. Es beginnt eine Selbststeuerung durch die Angst, etwas nicht richtig zu machen, und dafür zum Beispiel mit Kontaktabbruch bestraft oder einem eiskalten Raubtierblick bedacht zu werden. Die Isolation des Opfers wird immer größer. Der Psychopath möchte sein Opfer erlegen und zerstören. Am besten auf die saubere Art. Die alltäglichen Psychopathen werden nicht gewalttätig und fügen ihren Opfern keine echten körperlichen Schäden zu. Die angepassten Psychopathen wissen, wie sie die menschlichen Schwächen so hervorkitzeln und strapazieren, bis sich Menschen gegeneinander auflehnen und in Schwierigkeiten bringen (Zimmermann 2014, S. 145-146). Bei den Liebespsychopathen haben wir es mit einer Kategorie zu tun, die sich nicht über soziale Bezüge erklären lässt. Wir müssen ein ganz neues Urteilssystem entwickeln, das wir als sozialer Mensch noch verstehen, das aber trotzdem nicht ständig mit der überraschten Frage kommt: ‚Warum tut er das? Er muss doch einen Grund haben, das zu machen? Was hat man getan, dass er sich so provoziert fühlt und derartig durchdreht?' Niemand würde einer herzlosen Maschine solche Fragen stellen. Opfer werden die schlimme Erfahrung machen, dass sich weiterhin alles um den Täter dreht, wenn an sie solche Fragen gestellt werden. Die Nötigung des Opfers und damit seine Zerstörung versucht der Psychopath, sicherzustellen, indem er andere mit in seine Zerstörung einbezieht. So wird er sich Verbündete suchen" (Zimmermann 2014, S. 148-149).

Diese Phasen verlaufen ineinander. Das Gefährliche ist, dass das Opfer nicht merkt, was der Psychopath mit ihm vorhat. Nachdem sich das soziale Raubtier alle wichtigen Informationen über seinen Partner eingeholt hat, beginnt er ihn zu kontrollieren. Im nächsten Schritt wendet der Psychopath paradoxe Kommunikationstaktiken an, um das Opfer zu verwirren. Beispielsweise spricht er nett über den Partner während er sich jedoch körperlich abwendet. Das erzeugt Unklarheit und schüchtert gleichzeitig ein. Der Psychopath wird immer größer und mächtiger, während das Opfer kleiner und unscheinbarer wird. Die letzte Phase der Zerstörung hat dann funktioniert, wenn das soziale Raubtier derart die Kontrolle über seinen Partner hat, ohne dafür anwesend sein zu müssen. Mittlerweile lebt das Opfer in Isolation und hat wenige bis gar keine sozialen Kontakte. Der Psychopath fokussiert sich auf die menschlichen Schwächen, um den Partner in Schwierigkeiten zu bringen.

Nachdem der Partner durch die oben genannten drei Phasen entmachtet und isoliert wurde, beginnt die eigentliche seelische Grausamkeit. Die Maske fällt und die Opfer trifft der pure Hass. Diese Phase ist durch äußerst heftige Tiefschläge und Beschimpfungen durch Worte, die herabsetzen und demütigen gekennzeichnet und die alles ins Lächerliche zieht, was einem eigentümlich ist (Zimmermann 2014, S. 155). Schlagartig werden die Partner ignoriert, beschimpft oder als Zielscheibe benutzt. Es tut weh und die Opfer versuchen auch noch, diesen „Fehler" wieder gut zu machen, da er sie weniger wundervoll in den Augen der Psychopathen erscheinen lässt. Es lässt sich erahnen, dass jetzt ein neues Kapitel beginnt. Es geht dem Psychopathen nicht um das Individuum, doch dieser Gedanke ist für die meisten Partner nicht ertragbar. „Der andere ist nur ein Objekt, das an seinem Platz für Objekte zu bleiben hat, ein brauchbares Objekt und kein interaktives Subjekt" (Hirigoyen 2017, S. 118). Die Ablehnung und emotionale Kälte werden heruntergespielt, da die Partner insgeheim davon ausgehen, dass alles wieder wie am Anfang wird (Zander o.J.).

Das Leben, wie es einst in purer Vollkommenheit gewesen zu sein scheint, kommt jedoch nicht mehr zurück. Die Hoffnungen der Partner werden andauernd aufs

Neue geschürt. Aus dem Grund wollen sie attraktiver und aufmerksamer sein, damit dieses Verhalten des Psychopathen nicht mehr vorkommt. Doch die Partner wurden bereits abgewertet. Sie werden zwar hin und wieder aufgewertet aber nie wieder idealisiert. Das Spiel zwischen Ent- und Aufwertung hat begonnen. Psychopathen fehlt die innere Entwicklung ihres Selbst – aus diesem Grund müssen sie sich die der Partner leihen. Die Opfer werden Projektionsfläche für alles, was der Psychopath an sich verdrängt – die eigene Leere und den Selbsthass. Die Psychopathen bekommen durch die Verletzung und den Schmerz, den sie anderen zufügen, sehr viel Aufmerksamkeit und Zuwendung (Grundmann 2015). „Die Opfer-Täter-Dynamik ist kaum aufzulösen. Der Psychiater Emil Coccaro spricht von einer Raubtieraggressivität, wenn ein Täter sich das Opfer aussucht. Wie ein Raubtier, das auf Beute liegt. Die Aggression ist demnach nur Mittel, um das zu bekommen, was das Raubtier will. Dies ist eine unsymmetrische Gewalt, die sich nachvollziehen lässt. [...] Diese hinterhältige Gewalt ist deswegen so besonders grausam, da sich die Psychopathen zumeist Opfer aussuchen, die gerne geben. Das sind Menschen, die auf leise Sohlen unterstützen. [...] Was sie weiterhin besonders auszeichnet, ist, dass sie auf keinen Fall Täter werden wollen. In der Regel versucht der Psychopath, das Opfer aber genau dahin zu bringen. Er unternimmt den Versuch, es aus der Reserve zu locken und es ‚böse' werden zu lassen" (Zimmermann 2014, S. 158-159). So geschieht es im Endeffekt auch: Das Opfer wird zum Täter. Je intensiver der Partner versucht, Lösungen zu finden, beziehungsweise sich zu rechtfertigen, desto machtloser und ohnmächtiger wird er sich fühlen. Die Zerstörung geht in die vorfinale Phase über (Zimmermann 2014, S. 159).

Psychopathen empfinden ihre eigene Gesellschaft als unerträglich. Aus dieser Sicht ist es nachvollziehbar, dass sie alles dafür tun, um niemals in den Spiegel sehen zu müssen. Alles was sie an sich ablehnen wird auf den Partner projiziert und dann mit aller Gewalt bekämpft. Leider akzeptieren die meisten Partner diese Last, die der Psychopath ihnen aufbürdet. In der Hoffnung, ihnen zu helfen, halten sie das Leid aus. Immer wieder wird der Schmerz angenommen und ausgehalten, doch die Psychopathen hassen ihre Partner dafür. Verwirrung setzt ein. Die Psychopathen sehen ihr Gegenüber an und sehen sich selbst. Das macht sie rasend vor Wut. Sie laufen weg, beleidigen und finden Fehler – verspotten den anderen. Der Psychopath strebt nicht nach Selbsterkenntnis, sondern nach einem grandiosen Pseudo-Selbst, das niemand jemals erfüllen kann. An diesem Punkt angekommen fühlt sich der Partner ausgelaugt und ohnmächtig – der Psychopath hingegen allmächtig. Dies ist die Spiegelung. Das bedeutet, dass gewisse Anteile des sozialen Raubtieres im Opfer auftauchen. Der Psychopath stößt den Partner ab, da es ihm unmöglich ist, dessen Schwächen und Bedürftigkeiten auszuhalten. Angeekelt verlässt er die Beziehung und sucht sich ein neues Zielobjekt (Zander o.J.).

4.4 Die dunkle Triade in Korrelation mit abhängigen Persönlichkeiten

„ ‚Wenn ich mich fügsamer zeige, wird er mich endlich achten oder lieben können.' [...] Die Phase der beherrschenden Einflußnahme ist für das Opfer noch eine Zeitspanne, während der es verhältnismäßig ungestört bleibt, sofern es gefügig ist, das heißt, sofern es sich im Spinngewebe der Abhängigkeit fangen läßt" (Hirigoyen 2017, 119).

Mit diesem Zitat soll der Fokus nun auf die Partner mit einer abhängigen Persönlichkeitsstruktur der sozialen Raubtiere gelegt werden. Im Zuge der intensiven Auseinandersetzung mit den partnerschaftlichen Beziehungen von Narzissten, Machiavellisten und Psychopathen haben sich diesbezüglich interessante Gesichtspunkte ergeben, auf die im folgenden Kapitel eingegangen werden. In den Büchern „Die Liebe und der Psychopath. Wie Sie psychopathische Beziehungen erkennen und vermeiden" von Christina Zimmermann (2014) und „Die Masken der Niedertracht: seelische Gewalt im Alltag und wie man sich dagegen wehren kann" von Marie-France Hirigoyen (2017) sowie in unzähligen Internetartikeln wird die destruktive Beziehung zwischen Menschen der dunklen Triade und Menschen mit einer abhängigen Persönlichkeit beleuchtet. Das Interesse an diesem Thema ist groß, jedoch muss man verschiedene Bücher lesen, um sich umfassendes Wissen aneignen zu können.

Je mehr ich mich mit abhängigen Persönlichkeiten und der Destruktivität in ihren Beziehungen mit sozialen Raubtieren beschäftigt habe, desto klarer wurde, dass primär an der eigene abhängigen Persönlichkeitsstruktur gearbeitet werden sollte, um sich adäquat abgrenzen beziehungsweise wertschätzen zu können. Im vorigen Kapitel wurden bereits Menschen der dunklen Triade beleuchtet und wie sie in Lang- beziehungsweise Kurzzeit-Beziehungen agieren. Um ein vollständiges Bild zu schaffen, möchte ich nun den Fokus auf die abhängigen Persönlichkeiten legen und dabei ihre Verhaltensweisen in einer Beziehung näher betrachten. Da eine glückliche, harmonische und gleichberechtigte Partnerschaft nur dann möglich ist, wenn die abhängigen Anteile aufgelöst werden, werde ich mich diesem Thema im Kapitel „Bewusstwerdung der destruktiven Beziehungsstruktur" kurz widmen.

4.4.1 Destruktivität

Man geht davon aus, sollte sich jemand in einer Beziehung mit einem sozialen Raubtier wiederfinden und dies auch bewusst realisieren, wird die Beziehung aus Selbstachtung meistens analysiert und wenn sie sich nicht mehr richtig anfühlt, der Schritt zur Trennung eingeleitet. Man erkennt sich als Individuum, kann sich aus dem Geschehen nehmen und die Beziehung rational reflektieren. Wenn die Liste der negativen Aspekte überwiegt, können sich die Partner – trotz Schmerz und Trauer – aus der Partnerschaft lösen.

Unglücklicherweise funktioniert das bei Menschen mit einer abhängigen Persönlichkeitsstruktur nicht so einfach und daher entpuppen sie sich als gefundenes Fressen der Raubtiere. Ein gesundes Selbstwertgefühl ist nicht vorhanden und sie definieren sich zum Großteil über den destruktiven Partner, der aber nur ihre Zerstörung im Sinn hat. Ein Teufelskreis, den man äußerst schwer durchbrechen kann. Dies ist eine Hypothese, die im Folgenden bearbeitet wird.

In dem Buch „Wege aus der Abhängigkeit" des Psychotherapeuten Heinz-Peter Röhr, beschreibt er mittels des Grimm'schen Märchens „Die Gänsemagd" abhängige Persönlichkeiten, die ihre Bedürfnisse hinten anstellen und aus Angst vor dem Alleinsein in grausamen Beziehungen verharren. Doch wie der Autor richtig beschreibt: „Die menschliche Seele ist unendlich kostbar – wir sind da, um sie zu entfalten" (Röhr 2015, S. 7), ist es eine Kombination aus irrationalen Ängsten und Vorkommnissen aus der Kindheit, was viele Menschen vom emotionalen Wachstum abhält. Gleichzeitig muss gesagt werden, dass emotionale Abhängigkeit auch positiv sein kann, sogar notwendig, wenn man sich auf einen Partner einlässt. Doch bevor dies passieren kann, muss die Eigenständigkeit erlernt werden, die Fähigkeit, alleine im Leben zu Recht zu kommen. Erst dann kann man sich konstruktiv emotional vom Partner abhängig machen. Röhr spricht auch von der „Kunst sich abhängig zu machen." Dies ist nicht gleichzusetzen mit Unterwerfung oder Dominanz (Röhr 2015, S. 11).

Die Erfahrungen, die in den ersten Lebensjahren gesammelt werden, haben prägenden Charakter und spiegeln das Verhalten im Erwachsenenalter wieder. Die Wege, die in der Kindheit gut funktioniert haben, werden wiedergewählt, auch deshalb, weil die Abhängigen keinen anderen Weg kennen. Schnell können Aufgaben oder Situationen bedrohlich wirken und Angst erzeugen. Angst ist ein ständiger Begleiter im Leben des Abhängigen. Um das zu kompensieren suchen sie Sicherheit und klammern sich an andere Menschen. Schnell sind sie orientierungslos und brauchen das Gegenüber, um ihre Defizite auszugleichen. Sie haben das Gefühl, nicht alleine entscheiden zu können und brauchen rund um die Uhr einen zweiten, der sie dabei unterstützt. Gedanken wie „war das richtig oder falsch?" oder „genüge ich den Erwartungen?" sind fest in den Köpfen manifestiert (Röhr 2015, S. 67-68). Männer als auch Frauen sind gleichermaßen betroffen. Das Abhängigkeitssyndrom wirkt sich auf alle Lebensbereiche aus. Es lässt sich eine fehlende Ich-Stärke erkennen, die sich als eine gewisse Lebensuntüchtigkeit bemerkbar macht. Außerdem leiden Abhängige unter enormen Minderwertigkeitsgefühlen, die sie unsicher, klein und wertlos erscheinen lassen. Während sie nach Außen abhängige Beziehungen suchen, sind sie im Inneren mit Größenfantasien beschäftigt. Diese Inkongruenz lässt sie an Authentizität verlieren. Sie versuchen ihre Unsicherheit mit selbstsicherem Auftreten zu überspielen (Röhr 2015, S. 68-69). Das schwache Selbst, gekennzeichnet durch Überanpassung, Aggressionshemmung und mangelndes Durchsetzungsvermögen, beeinträchtigt ihre Persönlichkeitsentwicklung enorm. Perfektionismus ist auch ein Teil der abhängigen Persönlichkeitsstruktur. Mit dem Bemühen, alles gewissenhaft ordentlich zu verrichten und dabei keine Fehler zu machen, wird immer wieder der Versuch unternommen, innere Sicherheit herzustellen (Röhr 2015, S. 71-73).

Das Denken kreist immer wieder um Überlegungen, ob man anderen Menschen genüge, ausreichend kompetent erscheine und so auftritt, wie andere das von einem erwarten. Abhängige Persönlichkeiten trauen sich nicht, andere zu kritisieren oder auf Fehler aufmerksam zu machen. Das wäre mit der Angst, abgestoßen oder dadurch selbst kritisiert zu werden, verbunden. Sie werden ausschließlich von ihren Gefühlen gesteuert, was sie zusätzlich so verletzlich macht. Mitgefühl spielt dabei auch eine wichtige Rolle, da ihnen durch das intensive Fühlen der Blick für das Ganze verloren geht. Ein weiteres Merkmal ist die Unfähigkeit, alleine zu sein oder die Angst, verlassen zu werden und damit nicht zurechtzukommen. Dadurch wird das Alleinsein exzessiv vermieden und sie suchen sich Partner, die nicht zu einem erfüllendem Leben beitragen – im schlechtesten Fall sind dies Menschen der dunklen Triade, da sie ausbeuterischen Charakter haben (Röhr 2015, S. 74-75). „Solche innerseelischen Konflikte treiben den Einzelnen zu einem Partner, der geeignet ist, das, was sich innen abspielt, außen abzubilden. Kurzum, man sucht einen Partner, der den eigenen inneren Konflikt zu dramatisieren versteht. Ein anderer Partner, der in die eigene Spannung nicht hineinpasst, käme nicht in Frage. So kommt es, dass man mit einem Partner zusammen ist, der scheinbar nicht passt, weil man mit ihm so viele Probleme und Schwierigkeiten hat, der aber vom Unbewussten aus gesehen letztendlich der richtige ist. Nur über ihn besteht die Möglichkeit, sich eigener Probleme und Spannungen bewusst zu werden. Indem er mithilft, das außen abzubilden und zu spiegeln, was innen vor sich geht, fungiert er gewissermaßen indirekt als Psychotherapeut" (Meyer 2009, S. 61).

Den letzten Teil des gerade beschriebenen Zitates muss man in Bezug auf die dunkle Triade mit Vorsicht genießen. Prinzipiell ist es korrekt, dass Menschen sich Partner aussuchen, die die innerpsychischen Konflikte widerspiegeln, jedoch haben die Raubtiere eine ganz bestimmte Masche, und zwar die der Entmachtung und Zerstörung. Mit dem Zitat soll jedoch verdeutlicht werden, dass man sich – wenn man noch nicht weit genug entwickelt ist – nicht Partner aussucht, die Heilung versprechen, sondern die eigenen Mängel reflektieren und das wird für abhängige Persönlichkeiten zum doppelten Verhängnis.

Die abhängigen Partner haben in Hinblick auf eine Verbesserung ihres Lebensgefühls keine Hoffnung und ergeben sich widerstandslos ihrem Schicksal. Sie fühlen sich von Anfang an unterlegen, ohne überhaupt einen Versuch der Wehr unternommen zu haben. Aus diesem Grund entsteht ein Ohnmachtsgefühl, welches ständiger Begleiter ist. Viele Menschen jammern und klagen und versuchen durch ihre Unsicherheit, keine Risiken einzugehen. Die Hilfe wird ausschließlich von außen erwartet. Das Leben spielt sich zu einem großen Teil in der Fantasie eines Abhängigen ab. Sie reden mit sich selbst im Innenraum ihrer Psyche. Probleme werden lieber mit Gedanken gelöst, als in der realen Welt. Doch negative Gedanken führen zu negativen Emotionen. Das Bewusstsein wird immer stärker befallen. In weiterer Folge äußert sich das durch psychosomatische Symptome wie Schlaf- und Appetitlosigkeit, geschürt durch innere Unruhen und Anspannungen. Die Ohnmachtsgefühle sind auch dafür verantwortlich, dass kein eigener Sinn im Leben gefunden wird und Ziele nicht verfolgt werden können (Röhr 2015, S. 75-78). Es ist zu sehen, wie leicht die dunkle Triade hier weiteren Schaden anrichten und wie schnell sie die Abhängigen zu ihrem Eigentum machen kann. Hat das Opfer kein starkes soziales Netzwerk, wirkt es schier unmöglich, aus den Fängen des Raubtieres zu fliehen. Lieber finden sie sich mit ihrem Schicksal ab. Unterwürfigkeit zeigt sich in allen Lebenslagen mit Wurzeln in der Kindheit: „Die Überanpassung an die Erwartungen anderer lässt sich bis in die Kindheit zurückverfolgen. Schon früh sind viele Kinder der Meinung, ihr wahres Selbst opfern zu müssen, um den Forderungen der dominanten Eltern zu entsprechen. Die große Angst, nicht mehr geliebt zu werden, lässt sie stumm werden. Liebesentzug und kalte Verachtung sind Erziehungsmethoden, die das Rückgrat kleiner Kinder brechen und zu Anpassung führen" (Röhr 2015, S. 78).

Ein weiteres wichtiges Merkmal abhängiger Persönlichkeiten ist die Opferidentität. Ihre Daseinsberechtigung wird davon abgeleitet, dass sie für andere da sind. Nur wenn sie sich für andere zur Verfügung stellen und helfen, fühlen sie sich wichtig und akzeptiert. Im Grunde aber verdecken sie mit ihrem Verhalten nur einen Mangel, den sie selbst erleiden mussten. Die Abhängigen haben nie bedingungslose Zuneigung und Liebe erfahren dürfen, weswegen es ihnen zusätzlich schwerfällt, Menschen der dunklen Triade zu erkennen. Sie sind ständig auf der Suche nach Liebesbeweisen und suchen Bestätigung über andere. Sie tun viel, um geliebt zu werden. Bleibt die Bestätigung aus, strengen sie sich umso mehr an, um Zuneigung zu erfahren. Menschen mit einer abhängigen Persönlichkeitsstruktur haben den typischen Gedanken: „Wenn ich mir nur noch mehr Mühe gebe, bekomme ich endlich das, was ich mir so sehnlichst wünsche" (Röhr 2015, S. 79-81). Das ist der Grundsatz für abhängige Beziehungen. Obwohl aus einer Partnerschaft nichts Positives mehr gewonnen werden kann, können sie diese nicht auflösen. Für Außenstehende ist diese Verhaltensweise unverständlich. Doch man muss es aus der Perspektive der Abhängigen betrachten: Viel zu viel wurde von der eigenen Persönlichkeit geopfert, unzählige Kränkungen und Demütigungen ertragen, als dass die ganze Beziehung für sie vergeblich gewesen sein sollte. Im Unbewussten bleibt die tiefe Sehnsucht, doch noch erfüllende Liebe in der Partnerschaft zu erfahren, auch wenn dies, generell betrachtet, nie passieren wird. Aus diesem Grund verharrt der Abhängige in seiner Situation und selbst wenn er verlassen wird kann er die Trennung nicht überwinden. Liebe an sich ist immer ein Geschenk, sobald man jedoch etwas dafür leisten muss, ist es keine wahre Liebe. Paradoxerweise hat nur die Zuneigung von einem Partner für Menschen mit einer abhängigen Persönlichkeitsstruktur einen Wert, der nichts geben kann - ein häufiges Drama (Röhr 2015, S. 81-83). In Wahrheit inszeniert man die eigenen Dramen aus der Kindheit im Erwachsenenalter. Lediglich auf einer anderen Bühne mit anderen Schauspielern – doch die Themen bleiben gleich. Aus diesem Grund ist es wichtig, den Fokus auf die frühkindlichen Erfahrungen zu legen, um dort die Probleme zu identifizieren.

Vielen Kindern werden die Spontanimpulse verboten. Doch Wut und Ärger sind elementare Emotionen, die der Abgrenzung dienen. Der Zugang zu diesen Gefühlen ist bei den abhängigen Persönlichkeiten blockiert. Es sind zwei Typen zu unterscheiden: Typ A spürt den Ärger, kann ihn jedoch nicht zeigen und schluckt ihn herunter. Typ B spürt den Ärger nicht mehr, er wurde abgespalten. Aggressionen sind essentiell und gehören zum Leben dazu. Die Kunst besteht darin, sie möglichst unschädlich auszuleben. Bei den abhängigen Persönlichkeiten sind Aggressionen blockiert und dies hat Auswirkungen auf die Lebensfreude und auch die Sexualität. Bei vielen kann es jedoch auch zu Wutanfällen kommen, die aber nicht zur Abgrenzung, sondern zu Schuldgefühlen führen. Die angestaute Wut, die heruntergeschluckt wurde, wird explosionsartig – oft an der falschen Stelle und an der falschen Person – entladen. Die Folge sind Schuldgefühle, die wiederum zu verstärkter Anpassung führen – ein Teufelskreis. In weiterer Folge richtet sie die Wut gegen sich selbst. Selbstabwertungen und Selbstvorwürfe entwickeln sich zum Selbsthass. Diese Bereitschaft zur Überanpassung baut Narzissten beispielsweise auf. Die emotionale Stabilität geht für die abhängigen Persönlichkeiten verloren, da sie in einer destruktiven Spirale gefangen sind (Röhr 2015, S. 83-87).

Abhängige Persönlichkeiten klammern sich wie verzweifelt an einen Partner, denn ihre große Angst vor dem Leben und ihre Selbstunsicherheit lässt sie nach Halt suchen. Nach dem Schlüssel-Schloss Prinzip suchen sie sich Partner, die nach außen hin Stärke, Selbstsicherheit, Aggressivität und Durchsetzungsvermögen ausstrahlen. Narzissten und Psychopathen kommen hier in Frage. Gerade Narzissten suchen Persönlichkeiten, die ängstlich und abhängig ihre Grandiosität bewundern. Beide Parteien werden zu sogenannten „Problemlösern": „Eine abhängige Beziehung ist daran zu erkennen, dass zentrale Lebensprobleme mithilfe der Beziehung gelöst werden sollen" (Röhr 2015, S. 90-91). Der Narzisst sucht Bewunderung und Bestätigung für sein schwaches Ego und der Partner Versorgung beziehungsweise den nötigen Halt. Somit stehen sie sich nicht auf Augenhöhe gleichberechtigt gegenüber. Das soziale Raubtier findet sich in der überlegenen Rolle wieder. Die Unzulänglichkeit, die der abhängige Partner empfindet, verstärkt die Rolle zusätzlich. Die Entwertungen und Dramen aus der Kindheit werden fortgesetzt. Man kann von einem „Zwang der Wiederholung" sprechen. Sie leben für den Partner der dunklen Triade, weniger mit ihm. Durch das Gefühl der Unterlegenheit entwickeln sich starke Eifersuchtsgefühle. Solche Beziehungen haben zerstörerischen und süchtigmachenden Charakter zugleich und trotz gegenseitigem Hass scheint eine Trennung oft nicht möglich. Gerade abhängige Persönlichkeiten wollen niemanden verletzen und können sich nicht für oder gegen den Partner entscheiden (Röhr 2015, S. 92-98).

Es ist wichtig zu erwähnen, dass Männer als auch Frauen abhängige Persönlichkeiten aufweisen können. Wer sich beispielsweise mit der Biographie von Elvis Presely beschäftigt hat, weiß, dass er extrem auf seine Mutter fixiert und trotz seines Erfolges ein tief abhängiger Mensch war. Sogenannte „Nesthäkchen" laufen Gefahr, eine abhängige Persönlichkeitsstruktur zu entwickeln. Eltern, die ihre Kinder überbehüten, fördern durch die Verwöhnung mangelnde Konsequenz in deren Leben. Die Eltern treffen alle lebenswichtigen Entscheidungen und lassen dem Kind keinen Platz für die eigene Entfaltung (Röhr 2015, S. 100-101). In weiterer Folge ist diesen Menschen eine befriedigende Partnerschaft nicht möglich, weil sie die eigenen Bedürfnisse immer zurückstellen. Man wählt Partner, die genauso selbstbezogen und egoistisch wie die Mutter oder der Vater sind. Dabei entwerten sich die Abhängigen ohne dies zu wollen selbst, indem sie destruktive Partnerschaften zu lange ertragen. Mit dem geringen Selbstbewusstsein signalisieren sie dem Partner, dass sie mit ihnen machen können, was sie wollen. Die Unfähigkeit, sich angemessen zu wehren, lässt sie das Unerträgliche ertragen. Noch dazu kommt, dass im Endeffekt die sozialen Raubtiere die Beziehung beenden und die Partner die Schuld bei sich suchen (Röhr 2015, S. 101-102).

Die sozialen Ängste sind grundlegend für die Entwicklung einer abhängigen Persönlichkeit. Die Abhängigen haben Angst vor dem Leben und fühlen sich den Anforderungen nicht gewachsen. Die Angst vor dem autoritären Elternteil wird in dem Kontext auf den Partner projiziert. Die Abhängigen sind anfällig für Panikattacken und andere Angststörungen – typisch sind die Erwartungsängste. Damit sie andere nicht verletzen, entwickeln sie eine übergroße Fürsorge. Diese Schuldangst beeinflusst das Handeln maßgeblich. Durch das Konfliktvermeiden werden die Ängste aufrechterhalten (Röhr 2015, S. 104).

4.4.2 Bewusstwerdung der destruktiven Beziehungsstruktur

Die zentrale Aufgabe ist die Auflösung der Minderwertigkeitsgefühle. Dabei handelt es sich um ein seelisches Empfinden, welches ein Gefühl der Unvollkommenheit beziehungsweise Unterlegenheit ausdrückt (educalingo, o.J). Generell ist das ein wichtiger Punkt für jeden Menschen, aber in diesem Kontext werden spezifisch Menschen mit einer abhängigen Persönlichkeitsstruktur betrachtet. Es geht darum, das rückgängig zu machen, was sich unheilvoll entwickelt hat. Das ist nicht einfach, denn die Menschen glauben viel eher an ihre Minderwertigkeit als an ihre Königswürde. Erst wenn das verstanden wird, kann Heilung beginnen, welche zu einem selbstbestimmten Leben führt. Selbstverständlich ist man nie frei von äußerer Abhängigkeit, jedoch ist eine innere Unabhängigkeit anzustreben. Die innere Freiheit wird nach außen sichtbar und zieht entsprechende Partner an! Frühe Prägungen zeigen nachhaltige Folgen. Die Persönlichkeitsentfaltung ist wie gelähmt, da die Abhängigen sich nicht so zeigen können, wie sie wirklich sind (Röhr 2015, S. 111-113). Der frühe emotionale Missbrauch wurde internalisiert und gehört zum Weltbild. Sie lehnen sich nicht gegen die Eltern auf und können sich aus dem Grund nicht von ihnen lösen, um sie selbst zu werden. Der Verlust der Eltern ist eine Urangst. Viele Menschen übernehmen die Meinungen und Wertesysteme der Eltern, ohne diese zu hinterfragen. Personen mit einer abhängigen Persönlichkeitsstruktur vertreten sie in fast allen Lebensbereichen. Es ist wichtig, sich dieser Beeinflussung zu entziehen und zu beginnen, sein eigenes Wertesystem auszubilden. Dies kann mithilfe einer therapeutischen Gemeinschaft gelingen. Es ist essentiell, sich auf diesem Weg Unterstützung zu holen, sodass alle Fähigkeiten, die unterentwickelt geblieben sind, bewusst gemacht und im besten Fall erworben werden können. Dies muss als Prozess verstanden werden, der neues Leben ermöglicht. Für abhängige Persönlichkeiten gestaltet sich das als äußerst schwierig, da der Schritt in die Unabhängigkeit enorme Angst verursachen kann. Die Alternative bleibt immer noch das „bequeme Elend". Denn dieses Elend „kennt man wenigstens schon" und findet sich damit ab (Röhr 2015, S. 114-116). Ein Mensch wird erst dann wertgeschätzt, wenn er sich zur Wehr setzen und dadurch seine eigenen Interessen vertreten kann. An dieser Stelle ist es wichtig zu erwähnen, dass eine Person mit einer abhängigen Persönlichkeitsstruktur zunächst auf Widerstände stoßen wird, wenn sie anfängt, sich zu verändern. Die Mitmenschen sind es nämlich gewohnt, dass sie sich opfert, anpasst und nachgibt. Erst wenn sie merken, dass der Abhängige nicht mehr manipulierbar ist, können sich harmonische Beziehungen entwickeln. Besser ist es, kleine Schritte zu gehen, anstatt sich zu viel auf einmal vorzunehmen. Innerhalb der therapeutischen Gemeinschaft sollen die neuen Verhaltensweisen und das entstehende Selbstwertgefühl gefestigt werden, damit sie in der gewohnten Umgebung durchgesetzt beziehungsweise beibehalten werden (Röhr 2015, 116-117).

Die nachfolgenden Punkte sollen Orientierungshilfen sein, um eine abhängige Persönlichkeitsstruktur überwinden zu können:

- Das eigene Drama erkennen (alle Denksperren müssen aufgehoben werden, um die Dinge so zu sehen, wie sie sind)
- Den Wiederholungszwang erkennen (das eigene Kindheitsdrama zu verstehen hilft die gegenwärtigen Schwierigkeiten zu bewältigen)
- Trauer (Wunden heilen, wenn Trauer zu einem JA zum eigenen Schicksal führt)

- Visionen (jeder Mensch hat mehr oder weniger Vorstellungen von seinem Leben. Diese gilt es herauszuarbeiten und zu verinnerlichen.)
- Klärung der Schuldfrage (Schuldgefühle halten die abhängige Dynamik aufrecht. Nicht Schuld sondern Verantwortung lautet die Devise.)(Röhr 2015, S. 117-134)

Das bedeutet, dass der erste Schritt zur Veränderung die Bereitschaft ist zuzugeben, dass man in einer destruktiven Abhängigkeit lebt. Der Blickwinkel von Menschen mit einer abhängigen Persönlichkeit ist sehr eingeschränkt und sie halten an ihren toxischen Beziehungsmustern fest, da sie häufig nicht dazu bereit sind, an den eigenen Schwierigkeiten zu arbeiten (Röhr 2015, S. 156-157). Abhängige Persönlichkeiten haben eine mangelhafte innere Stabilität. Angst und Unsicherheit bestimmen ihr Leben maßgeblich. Durch die Ausbildung der Unabhängigkeit werden Handlungsmöglichkeiten deutlich erweitert. Viele Menschen gehen auf die Jagd, um ihre Unvollkommenheit durch äußere Freiheiten zu kompensieren. Doch die Abhängigkeitsprobleme lassen sich nur mit Methoden bearbeiten, die von innen das „Loch" füllen. Entspannungstrainings wie beispielsweise Meditation alleine sind nicht die Lösung. Sie helfen, um die Probleme zu verdeutlichen. Jedoch sollte zusätzlich eine Therapie in Anspruch genommen werden, um an der Persönlichkeitsveränderung zu arbeiten (Röhr 2015, S. 153-156). Im letzten Schritt möchte ich noch den Akt des Verzeihens ansprechen. Es kommt immer darauf an, wie stark die emotionalen Verletzungen des sozialen Raubtieres waren, denn schwerwiegender emotionaler Missbrauch kann nicht so leicht verziehen werden. Verzeihen ist erst am Ende eines langen Weges möglich und kann nur von demjenigen vollzogen werden, der verstanden hat, wieso er sich in einer destruktiven Beziehung befunden hat. Zu (verdrängten) Gefühlen wie Wut und Hass muss ein Zugang gefunden und diese anschließend durchlebt werden. Heilung beginnt nicht selten genau dort, wo verdrängte Gefühle bewusst gemacht werden. Wird die Wut oder der Hass nicht ausreichend befreit, hat das Verzeihen keine reife Qualität, sondern bleibt lediglich ein Akt der Anpassung. Menschen mit einer abhängigen Persönlichkeitsstruktur können nicht verzeihen, wenn sie sich noch manipulieren und unterdrücken lassen. Vergebung ist eine menschliche Leistung, die letztendlich zu innerem Frieden führt. Dabei ist es wichtig, nicht nur dem destruktiven Gegenüber zu verzeihen, sondern vor allem auch sich selbst (Röhr 2015, S. 159-160).

5 Fazit und Ausblick

In der Einleitung wurde die Relevanz dieses Themas bereits erläutert, mit der Frage, welche destruktiven Auswirkungen Menschen der dunklen Triade auf ihre Mitmenschen haben. Die Arbeit grenzt sich vom wirtschaftlichen Sektor ab, wo man Narzissten, Machiavellisten als auch Psychopathen oft in Führungspositionen widerfindet, obwohl zum ganzheitlichen Verständnis Teilaspekte beleuchtet wurden. In den Unterkapiteln „Einführung in die drei Ausprägungen der dunklen Triade" und „Geschlechterunterschiede" wurde beispielsweise der Bankmanager Richard Fuld als Veranschaulichung herangezogen und unter anderem die soziale Rollenverteilung im beruflichen Kontext erwähnt. Jedoch sind die partnerschaftlichen Beziehungen in den Fokus gerückt, die auf ihre Lang- beziehungsweise Kurzzeit-Verbindungen hin untersucht wurden. Dies war gleichzeitig Zielsetzung dieser Bachelorarbeit.

Dafür war es notwendig, einen theoretischen Überblick der einzelnen Ausprägungen – Narzissmus, Machiavellismus und Psychopathie – zu geben, um das Konzept der dunklen Macht der Triade in seiner Ganzheit zu erfassen. Zuerst erfolgte die allgemeine Definition. Gemeinsame Schnittpunkte als auch Unterschiede und Geschlechterunterschiede wurden dargelegt. Im ersten Abschnitt des Hauptteiles wurden die geschichtlichen Wurzeln, Epidemiologien, Charaktereigenschaften und unterschiedlichen Erscheinungsformen des Narzissmus, Machiavellismus und der Psychopathie vorgestellt. Dies war essentiell, um auf die eigentliche Forschungsfrage – wie gestalten sich partnerschaftliche Beziehungen mit sozialen Raubtieren und können diese erfolgreich sein oder nicht? – vorzubereiten. Im zweiten Abschnitt des Hauptteiles setzte ich mich intensiv mit den zwischenmenschlichen Beziehungen der sozialen Raubtiere auseinander. Es wurde zunächst das Konzept einer erfüllenden, glücklichen Partnerschaft veranschaulicht, um den Unterschied zur destruktiven Verbindung mit einem Menschen der dunklen Triade zu verdeutlichen.

Die Hypothese, dass sich partnerschaftliche Beziehungen zu sozialen Raubtieren aufgrund ihres Manipulationstalentes und ausbeuterischen Charakters lediglich für sie selbst als vorteilhaft herausstellen werden, konnte zum Teil bestätigt werden. In kurzfristigen Beziehungen sind Narzissten und Psychopathen aufgrund ihrer Verführungskünste, ihres oberflächlichen Charmes und ihrer Ausstrahlung durchaus bei ihrem Gegenüber erfolgreich. Machiavellisten entpuppen sich als emotional zu kühl und kommen aus diesem Grund nicht interessant genug beim Gegenüber an. Dies besagt eine empirische Studie, jedoch gibt es hierfür (noch) keine relevante Literatur und die Beziehungsstruktur zu einem Machiavellisten konnte aus dem Grund nicht ausreichend behandelt werden. In langfristigen Beziehungen bestätigt sich die Hypothese, dass sich Menschen der dunklen Triade als nicht geeignet erwiesen haben, da sie den Anderen durch ihre egoistischen Absichten nur schaden. Das bedeutet nicht, dass sie deswegen keine langfristigen Beziehungen haben können. Eine erfüllende und gleichberechtigte Partnerschaft ist jedoch nicht möglich.

Im Zuge der Recherche hat sich herausgestellt, dass eine positive Korrelation von abhängigen Persönlichkeiten und sozialen Raubtieren besteht, welche sich als weitere Zielsetzung dieser Arbeit herauskristallisiert hat. Unter bestimmten Gesichtspunkten wurde die abhängige Persönlichkeitsstruktur definiert und betrachtet. Vor allem das Buch „Wege aus der Abhängigkeit" war zu diesem Aspekt eine große Stütze. Gleichzeitig wurde aus den bereits gewonnenen Informationen zu der dunklen Triade eine Verbindung zu Menschen mit einer abhängigen Persönlichkeit hergestellt und somit war die Möglichkeit gegeben, eine solche partnerschaftliche Beziehung abgerundet vorzustellen. Abschließend wurde die Bewusstwerdung einer destruktiven Beziehungsstruktur erläutert und dabei abhängige Persönlichkeitsmuster ins Zentrum gestellt. Dadurch wurde ein vollständiges Bild geschaffen, welches zum einen die Partnerschaft zwischen einem sozialen Raubtier und einem Menschen mit einer abhängigen Persönlichkeit und zum anderen deren Auswirkungen in ihrer Ganzheit zu erfassen versuchte. Dieses Kapitel („Bewusstwerdung der destruktiven Beziehungsstruktur") beschäftigt sich mit der Entwicklung von Achtsamkeit gegenüber der dunklen Macht der Triade um sich schützen zu können, was, wie anfangs erwähnt, ein Nutzen dieser Arbeit sein soll.

Dadurch, dass die dunkle Macht der Triade 2002 von Paulhus und Williams begründet wurde und das Konzept noch nicht in der Gesellschaft verankert ist, bietet es viel unberührtes Territorium zum Forschen an. Bei meiner Recherche bin ich auf unzählige Studien gestoßen, jedoch gibt es – vor allem im deutschsprachigen Raum – nur ein paar Bücher zu diesem Thema. Je weiter das Konstrukt der dunklen Triade getragen und verstanden wird, desto leichter wird es fallen, soziale Raubtiere zu identifizieren und sich so gut wie möglich abzugrenzen. Jeder Mensch kann mit einem sozialen Raubtier in Berührung kommen, deshalb ist es von Vorteil sich dieses Phänomen zu verinnerlichen und aufmerksamer sein soziales Umfeld zu betrachten.

6 Literaturverzeichnis

Bibliographien

Externbrink, Kai / Keil, Moritz (2018): Narzissmus, Machiavellismus und Psychopathie in Organisationen. Theorien, Methoden und Befunde zur dunklen Triade. 1. Auflage. Wiesbaden: Springer-Fachmedien

Farrell, Jenny (2016): Shakespeares Tragödien: Eine Einführung. 1. Auflage. Essen: Neue Impulse Verlage

Furtner, Marco / Baldegger, Urs (2016): Self-Leadership und Führung. Theorien, Modelle und praktische Umsetzung. 2. Auflage. Wiesbaden: Springer-Fachmedien

Henning, Jörg: (1983): Machiavellismus. In: Lippert, Ekkehard / Wakenhut, Roland (Hrsg.): Handwörterbuch der Politischen Psychologie. Band 46. Opladen: Westdeutscher Verlag, S. 170-178

Hirigoyen, Marie-France (2017): Die Masken der Niedertracht. Seelische Gewalt im Alltag und wie man sich dagegen wehren kann. 17. Auflage. München: C.H. Beksche Verlagsbuchhandlung

Holzinger, Michael (2013): Niccolò Machiavelli. Der Fürst. CreateSpace Independent Publishing Platform

Lilienfeld, Scott / Smith, Sarah / Watts, Ashley (2016): Fearless Dominance and it's Implications for Psychopathy: Are the Right Stuff and the Wrong Stuff Flip Sides of the same Coin? In: Zeigler-Hill, Virgil / Marcus, David (Hrsg.): The Dark Side of Personality. Science and Practice in Social, Personality, and Clinical Psychology. Washington, DC: American Psychological Association, S. 65-80

Meyer, Hermann (2009): Jeder bekommt den Partner, den er verdient – ob er will oder nicht. 8. Auflage. München: Verlagsgruppe Random House GmbH

Röhr, Heinz-Peter (2015): Wege aus der Abhängigkeit. Belastende Beziehungen überwinden. Ostfildern: Patmos Verlag der Schwabenverlag AG

Zimmermann, Christina (2014): Die Liebe und der Psychopath. Wie Sie psychopathische Beziehungen erkennen und vermeiden. Berlin: Goldegg Verlag GmbH

Zeitschriftenbeiträge

Birbaumer, Niels / Veit, Ralf / Lotze, Martin / Erb, Michael / Hermann, Christiane / Grodd, Wolfgang / Flor, Herta (2005): Deficient Fear Conditioning in Psychopathy: A Functional Magnetic Resonance Imaging Study. In: Archives of General Psychiatry, 62(7), S. 799-805.

Büttgen, Marion / Mai, Christian (2016): Starke dunkle Triade – Erfüllen weibliche Führungskräfte die Anforderungen von Spitzenpositionen? In: Forschung & Lehre/4, S. 328-329.

Jonason, Peter / Davis, Mark (2018): A gender role view of the Dark Triad traits. In: Personality and Individual Differences, 125, S. 102-105.

Jonason, Peter / Li, Norman / Teicher, Emily (2010): Who is James Bond? The Dark Triad as an Agentic Social Style. In: Individual Differences Research, 8(2), S. 111-120.

Jonason, Peter / Li, Norman / Webster, Gregory / Schmitt, David (2009): The Dark Triad: Facilitating a Short-Term Mating Strategy in Men. In: European Journal of Personality, 23, S. 5-18.

Jonason, Peter / Tost, Jeremy (2010): I just cannot control myself: The Dark Triad and self-control. In: Personality and Individual Differences, 49, S. 611-615.

Mai, Christian / Büttgen, Marion / Schwarzinger, Dominik (2016): „Think-Manager-Consider-Female": Eine Analyse stereotypischer Ansichten über weibliche Führungskräfte und die empirische Überprüfung ihrer realen Persönlichkeit anhand der Big Five und Dunklen Triade. In: Schmalenbachs Zeitschrift für betriebswirtschaftliche Forschung. Verfügbar unter: https://slideheaven.com/think-manager-consider-female-eine-analyse-stereotypischer-ansichten-ber-weiblic.html [08.05.2018]

Montag, Christian / Hall, Jeremy / Plieger, Thomas / Felten, Andrea / Markett, Sebastian / Melchers, Martin / Reuter, Martin (2015): The DRD3 Ser9Gly polymorphism, Machiavellianism, and its links to schizotypal personality. In: Journal of Neuroscience, Psychology and Economics, 8(1), S. 48-57

Müller, Lothar (2008): Machiavellismus. Eine Erscheinungsform wirtschaftskriminellen Verhaltens? In: Risk, Fraud & Governance (ZRFG) im Heft 6, S. 250-254.

Neubauer, Aljoscha / Jauk, Emanuel / Rauthmann, John (2016): How Alluring are dark personalities? The dark triad and attractiveness in speed dating. In: Personality and Individual Differences, 101; 501

O'Boyle, EH / Forsyth, DR / Banks, GC / McDaniel, MA (2012): A meta-analysis of the dark triad and work behavior: A social exchange perspective. In: Journal of Applied Psychology, 97(3), S. 557-579.

Paulhus, Delroy / Williams, Kevin (2002): The Dark Triad of personality: Narcissism, Machiavellianism, and psychopathy. In: Journal of Research in Personality, 2. Verfügbar unter: https://motamem.org/wp-content/uploads/2016/10/The_Dark_Triad_of_Personality_Narcissism_Machiavel.pdf [08.05.2018]

Internetquellen

Bingmann, Annika (2015, 19. März): Der Fürst als fragwürdige Führungskraft. Psychobiologische Grundlagen von Machiavellismus aufgedeckt. In: Ulm University. Verfügbar unter: https://www.uni-ulm.de/en/homepage/news-details/article/der-fuerst-als-fragwuerdige-fuehrungskraft-psychobiologische-grundlagen-von-machiavellismus-aufgedec/ [09.05.2018]

DocCheck Medical Services GmbH (o.J.): Narzisstische Persönlichkeitsstörung. In: DocCheck Flexikon. Verfügbar unter: http://flexikon.doccheck.com/de/Narzisstische_Pers%C3%B6nlichkeitsst%C3%B6rung [19.06.2018]

Educalingo (o.J.): Minderwertigkeitskomplex. In: educalingo.com. Verfügbar unter: https://educalingo.com/de/dic-de/minderwertigkeitsgefuhl [04.08.2018]
Emvio GmbH (2017, 04. April): Macht der dunklen Triade. Sind Menschen ohne Anstand erfolgreicher? In: Westwälder Mittelstand. Verfügbar unter: https://www.westerwaelder-mittelstand.de/personal/erfolg-persoenlichkeit/detail/artikel/13429-macht-der-dunklen-triade/ [08.05.2018]

FOCUS Online (2017, 6. Februar): „Bösartiger Narzissmus" Psychotherapeut ist überzeugt: Donald Trump ist geistig krank. In: Focus. Verfügbar unter: https://www.focus.de/politik/videos/boesartiger-narzissmus-psychotherapeut-ist-ueberzeugt-donald-trump-ist-psychisch-krank_id_6602869.html [09.05.2018]

Grewal, Daisy (2012, 27. November): Psychology Uncovers Sex Appeal of Dark Personalites. Why are narcissists more physically attractive? In: Scientific American. Verfügbar unter: https://www.scientificamerican.com/article/psychology-uncovers-sex-appeal-dark-personalities/ [15.05.2018]

Grundmann, Tanja (2015, 4. August): Psychopathen – Soziopathen – Narzissten: Gemeinsamkeiten und Unterschiede. In: beziehung-in-balance.de. Verfügbar unter: http://beziehung-in-balance.de/p405/ [15.05.2018]

Grüttefien, Sven (2016, 13. Dezember): Kann ein Narzisst wirklich nichts fühlen? In: Umgang mit Narzissten. Verfügbar unter: https://umgang-mit-narzissten.de/kann-ein-narzisst-wirklich-nichts-fuehlen/ [25.06.2018]

Grüttefien, Sven (o.J.): Narzissten als Lebenspartner. In: Umgang mit Narzissten. Verfügbar unter: https://umgang-mit-narzissten.de/narzissmus-und-partnerschaft/ [15.05.2018]

Grüttefien, Sven (o.J.): Was ist Narzissmus? In: Umgang mit Narzissten. Verfügbar unter: https://umgang-mit-narzissten.de/definition-narzissmus/ [09.05.2018]

Hell, Benedikt / Schneider, Nadine (2016, 27. September): Der Machiavellist: Soziales Chamäleon. In: HR Today. Verfügbar unter: http://hrtoday.ch/de/article/der-machiavellist-soziales-chamaeleon [09.05.2018]

HeLv – Helpdesk für Lehrer/innen verhaltensauffälliger Schülerinnen (2012, 23. Dezember): „Big Five": Die fünf grundlegenden Dimensionen der Persönlichkeit. In: HeLv. Verfügbar: http://helv.ph-noe.ac.at/index.php?id=22&tx_ttnews%5Btt_news%5D=1738&cHash=4de5873b14de69b4d791c90c69be6920 [05.08.2018]

Jiménez, Fanny (2015, 7. Dezember): Warum radikal rücksichtlose Menschen weiter kommen. In: Welt. Verfügbar unter: https://www.welt.de/wissenschaft/article149692971/Warum-radikal-ruecksichtlose-Menschen-weiter-kommen.html [08.05.2018]

Kreutzer, Stefan (2010, 29. Mai): "Machiavellismus ist ein urmenschlicher Instinkt" Gedanken zur Machiavellismus Definition von Ben-Ami Scharfstein. In: aventinus. Verfügbar unter: http://www.aventinus-online.de/varia/ideengeschichte/art/Machiavellis/html/ca/f5e68c1428a0f8ee40f9d214e52ff68f/indexee27.html?tx_mediadb_pi1%5BmaxItems%5D=10 [09.05.2018]

Lengersdorf, Dominique (2017, 29. September): Die dunkle Triade: Wie du dich vor Manipulation, emotionaler Ausbeutung und der dunklen Seite des Menschen schützt. In: erzählmirmehr. Verfügbar unter: http://erzählmirmehr.com/2017/09/29/dunkle-triade/ [09.05.2018]

Mai, Jochen (2014, 31. Oktober): Narzissmus: Eine simple Frage entlarvt Narzissten. In: karrierebibel. Verfügbar unter: https://karrierebibel.de/narzissmus/ [09.05.2018]

Marano, Hara (2017, 31. Jänner): Shrinks Battles Over Diagnosing Donald Trump. Chaos in the White House fuels discord amongst the experts. In: Psychology Today. Verfügbar unter: https://www.psychologytoday.com/us/blog/brainstorm/201701/shrinks-battle-over-diagnosing-donald-trump [09.05.2018]

May, Burkhard (2015, 6. Dezember): Die Dunkle Triade: Soziale Raubtiere in der Arbeits- und Geschäftswelt. In: Huffpost. Verfügbar unter: https://www.huffingtonpost.de/burkhard-may/machiavellismus-narzissmus-kollegen-psychose-beruf_b_8718260.html [08.05.2018]

Milligan, Susan (2017, 27. Jänner): Temperament Tantrum: Some say President Donald Trump's personality isn't just flawed, it's dangerous. In: U.S. News. Verfügbar unter: https://www.usnews.com/news/the-report/articles/2017-01-27/does-donald-trumps-personality-make-him-dangerous?src=usn_tw [09.08.2018]

Moscovici, Claudia (2012, 23. Mai): Die Liste der Psychopathie-Symptome: Hervey Cleckley und Robert Hare. In: Erkenne Psychopathie. Verfügbar unter: https://erkennepsychopathie.wordpress.com/2012/05/23/die-liste-der-psychopathie-symptome-hervey-cleckley-und-robert-hare/ [20.05.2018]

Nkrumah, Nana (2013, 1. August): Forscher entdecken Erfolgsmodell von Psychopathen. In: welt.de. Verfügbar unter: https://www.welt.de/gesundheit/psychologie/article118599774/Forscher-entdecken-Erfolgsmodell-von-Psychopathen.html [10.05.2018]

Paradisi-Redaktion (2011, 9. November): Merkmale, Geschichte und Varianten des Narzissmus. In: paradisi. Verfügbar unter: http://www.paradisi.de/Health_und_Ernaehrung/Sexualitaet/Narzissmus/Artikel/17952.php [09.05.2018]

Praxis Zadrazil (o.J.): Narzissmus. In: Praxis Zadrazil – Einzel, Paar- & Familientherapie. Verfügbar unter: http://www.praxis-zadrazil.at/wissen/narzissmus/ [09.05.2018]

Pro Psychotherapie e.V. (o.J.): Narzissmus. Narzisstische Persönlichkeitsstörung, Narzissten. In: therapie.de. Verfügbar unter: https://www.therapie.de/psyche/info/index/diagnose/persoenlichkeitsstoerungen/narzissmus/ [09.05.2018]

Sabinger, Mia (2014, 29. August): Othello. In: Inhaltsangabe.de. Verfügbar unter: https://www.inhaltsangabe.de/shakespeare/othello/ [09.05.2018]

Sewald, Beate (2001): Machiavelli, Il Principe. In: Grin. Verfügbar unter: https://www.grin.com/document/105980 [09.05.2018]

Six, Bernd (o.J.): Machiavellismus. In: Dorsch Lexikon der Psychologie. Verfügbar unter: https://m.portal.hogrefe.com/dorsch/machiavellismus/ [09.05.2018]

Statista GmbH (o.J.): Anteil der Frauen in Geschäftsführungen und Aufsichtsräten der 200 umsatzstärksten Unternehmen in Österreich von 2007 bis 2017. In: statista.com. Verfügbar unter: https://de.statista.com/statistik/daten/studie/328252/umfrage/frauen-in-fuehrungspositionen-in-oesterreich/ [19.06.2018]

Venosa, Ali (2016, 23. Juni): Dark Triad Personality Traits Associated With Speed Dating Success. In: Medical Daily. Verfügbar unter: https://www.medicaldaily.com/dark-triad-speed-dating-success-psychopaths-390378 [15.05.2018]

Vonhoff, Anna (2016, 27. August): Psychopathen. Wenn der Mensch zum Monster wird. In: FOCUS Online. Verfügbar unter: https://www.focus.de/gesundheit/ratgeber/psychologie/krankheitenstoerungen/wenn-der-mensch-zum-monster-wird-so-erkennen-sie-einen-psychopathen_id_2734734.html [10.05.2018]

Westdeutscher Rundfunk Köln (2014, 18. Juni): Knast oder Chefsessel? Psychopathen werden häufig kriminell – oder machen Karriere. In: WDR1. Verfügbar unter: https://www1.wdr.de/fernsehen/quarks/sendungen/verrueckt-knastoderchefsessel100.html [10.05.2018]

Winkler, Maximilian (o.J.): Was ist eine Beziehung? Definition und Erklärung. In: beziehungsratgeber.net. Verfügbar unter: https://www.beziehungsratgeber.net/beziehung-aufbauen/was-ist-eine-beziehung-definition/ [15.05.2018]

Wolf, Doris (o.J.): Für eine gute Partnerschaft braucht es mehr als Verliebt zu sein. In: partnerschaft-beziehung.de. Verfügbar unter: https://www.partnerschaft-beziehung.de/ [15.05.2018]

Zander, Kerstin (o.J.): Psychische Gewalt und psychische Grausamkeit: Idealisierung und Abwertung. In: re-empowerment! Verfügbar unter: https://www.re-empowerment.de/haeusliche-gewalt/gewaltformen/psychische-grausamkeit-des-psychopathen-idealisierung-und-abwertung/ [15.05.2018]

Abbildungen

Abbildung 1: Der Kern der dunklen Triade (2014) Von: Diagnostica, Hogrefe Verlag. Verfügbar unter: http://docplayer.org/78721489-Das-dreckige-dutzend-und-die-niedertraechtigen-neun.html [25.06.2018] Grafik Dreieinigkeit/Dreifaltigkeit (2006) Von: Thomas Steiner. Verfügbar unter: https://commons.wikimedia.org/wiki/File:Dreieinigkeit.svg [25.06.2018]

Abbildung 2: Korrelation zwischen den Big Five und der dunklen Triade (o.J.) Von: Dominique Lengersdorf. Verfügbar unter: http://erzählmirmehr.com/2017/09/29/dunkle-triade/ [20.05.2018]

Abbildung 3: Die Sage des Narziss (2002) Von: Directmedia Publishing GmbH. Verfügbar unter: https://commons.wikimedia.org/wiki/File:Michelangelo_Caravaggio_065.jpg [25.06.2018]

Abbildung 4: Karriereleiter (o.J.) Von: Sandra Kaliga. Verfügbar unter: http://www.peter-lenk.de/skulpturen/andere-bundeslaender/mitte/karriereleiter/beschreibung.html [20.05.2018]